정소희 수필집

세월의 무게

소소리

세월의 무게

정소희 수필집

1판 1쇄 인쇄/ 2023년 12월 25일
1판 1쇄 발행/ 2023년 12월 30일

지은이 / 정소희
펴낸이 / 우희정
펴낸곳 / 도서출판 소소리

등록 / 제300-2007-21호
주소 / 03073 서울 종로구 성균관로 5길 39-16
전화 / 765-5663, 010-4265-5663
e-mail: sosori39@hanmail.net

값 14,000 원

*잘못된 책은 바꿔드립니다.

ISBN 979-11-5891-197-3 03810

*이 책은 한국예술인복지재단 창작지원으로 발간되었습니다.

세월의 무게

정소희 수필집

책을 내면서

수필집을 3번째 출간하게 되면서

삶이란 그러하듯 내 남은 삶은 앞날을 예측할 수도 없지만 예측하고 살지는 않으려한다. 오늘이 지나고 나면 내일이 오듯이 자연과 함께 지내는 내 생활을 들여다본다.

비가 오면 비를 피할 수 있고, 추우면 추위를 피할 수 있기에 아침에 일어나 뜰을 한 바퀴 둘러보면 그냥 지나칠 수 없는 것이나 무심히 지나 칠 수 있는 것들이 있고 눈길을 비켜가는 것이 있다. 그렇듯 살피고 치우며 하루를 시작한다.

글을 쓰면서 내 나이를 들먹이거나 늙음을 드러내는 내용을 잘 쓰지 않았다. 하지만 팔십 중반이라는 세월 앞에서는 어쩔 수 없이 스스로 드러내고 있다.

한 송이 들꽃을 보고도 아름다움을 느끼게 되고 바람에 일렁이는 들풀인들 아름답지 않을 수 있을까.

이 계절이 마지막이 될지도 모르는 또는 이 한 해를 넘길 것인지도 모르는 연령대다.

오늘을 살면서 인과관계에 있어서 누구에게 무엇을 베풀 여유를 가진 것도 없으니, 나 또한 아픔을 겪는 일없이 지내는 것이 바람이다. 그저 오늘이 고맙고 감사하며 모든 것에 겸손한 마음으로 나를 낮추면서 미움도 원망도 덮고, 다툼도 시비도 없는 날들이었으면 싶다.

2023년 12월

정소희

1. 지금은 흐리지만

2. 운 좋은 날

3. 나의 노래

4. 기쁜 오늘

1.

지금은 흐리지만

지금은 흐리지만

여러 날을 때로는 폭우가 쏟아지고 흐리고 오락가락 비가 내리는 장마가 지겹다. 모두가 눅눅하고 몸에 닫는 것은 무엇이나 끈적거려 짜증나고 싫다.

모처럼 빠끔한가 했더니 다시 구름이 몰려드는 하늘을 올려다본다. 지금은 잔뜩 흐렸지만 비는 올 것 같지 않으니 그것만으로 다행인가 싶다.

컴퓨터 앞에 앉아 막 글을 쓰려고 하는데 걸려온 전화를 받고서 긴 시간 동안 주거니 받거니 하고나니 쓰려고 했던 생각이 다 흐트러져버려서 막막하다. 그래서 창밖을 내다보니 무섭도록 푸른 것만으로 시야가 꽉 찬다.

할 일은 많은 것 같은데 막상 무엇을 할까, 어느 것을 먼저 할까. 판단력도 흐려지는 듯하다. 당장하지 않는다고 안 될 일도 없다. 하지만 밖엘 내다보면 모두가 내 손길을 기다리는 것뿐이다.

비온 뒤라 풀도 잘 뽑힐 것이고 햇볕도 없는 이런 날은 볕에 그을릴 걱정 없이 풀 뽑기에 딱 좋은데 게으름을 피운다.

우거진 잡풀을 뽑지 않고 그것을 자연인 상태라 좋다 할 수 있을 것인가. 오이, 수세미, 울타리콩 넝쿨이 뒤엉켜 어수선하기 이를 데 없는데 바닥은 잡초가 무성하다.

잡초를 제거해 자양분을 빼앗기지 않아야 작물이 튼실하련만 그러한 것을 엄밀히 따져보면 잡초를 뽑아주는 것이 급한 일인 것을, 시골 생활은 아무리 작은 텃밭이라도 부지런히 잰 손놀림이어야 하는 것이다.

그래도 토마토도 열리고 오이도 열리고 가지도 열렸다. 모두 심어 놓으니 저절로 열려서 몇 차례씩 딸 때는 흐뭇해했으면서 풀을 좀 뽑고 가꾸지 않고 염치없이 따먹을 때만 좋아라 했다. 수세미는 달랑 하나 달렸나 싶었더니 연달아 세 개가 더 열리더니 장정 종아리만하다.

울타리콩 넝쿨 너머에서 오이덩굴이, 옆에서 수세미덩굴이 올라와서 서로 뒤엉킨 곳에서는 그것들도 숨 쉴 수 없어서인가 숨통이 트이는 곳에서만 꽃이 피고 열매를 맺었다.

밭에는 고추도 제법 튼실하게 달였다. 상추도 먹기 딱 알맞게 컸고, 풋고추 두서너 개, 상추 한 줌이면 점심을 꿀맛같이 먹었는데…. 이젠 그런 것으로 안 된다.

무엇을 뚝딱거려 먹을 것을 만들어야겠는데 딱히 먹고 싶은 것도 없고, 안 한들 해달라고 조르며 배고프다 재촉할 누구도 없다.

예전 같으면 이 나이면 상노인이다. 대소가에서도 큰 어른인 것이고 노마님이다. 지금이야 어른 노릇도 할 수 없고, 자칫 나이 든 것이 자랑이냐는 핀잔을 듣기 십상이니 그런 소리나 안 들으면 다행이지만, 그때 그 시대는 그랬다. 먼 윗대부터 세습돼 이어진 생활은 내 할머니 때까지는 그랬던 것을 어렸을 때 봤다. 불러 지시만하면 다 됐던 것이다. 지시를 따르는 것은 아랫사람의 당연한 의무니까 "애야!" "애야!"고 불러서…. 먼저 시킨 일이 채 끝나지 않았는데 시키면 "네! 이것 하고 할게요." 할 뿐 군소리 하나 없었다.

때가 되면 어른이 부르기 전에 점심은 뭣을 할까요? 저녁엔 뭣을 하면 좋을까고 여쭈어 와야 하거늘…. 그러면 그러겠지, "날씨도 궂으니 뜨끈하게 호박 감자 썰어 넣고 수제비면 좋겠구나, 거 풋고추로 얼큰한 양념장 곁들여서…." 거친 보리밥보다 부드럽고 매끄럽게 넘어가는 밀가루 음식이 만만했을 생활에 말만 떨어지면 아랫사람들은 힘들거나 귀찮아하는 기색 보이지 않고 어른이 드시고 싶다는 말씀을 행하는 것이 아랫사람의 도리인 것이다.

지금처럼 좋은 생활환경도 아닌 시절이다. 보릿짚으로 아궁이에 불 지피고 연기에 눈이 매워 눈물 콧물에 흐르는 땀을 훔치면서도 어디라고 군소리 할까.

지금 내 마음은 뻔하고 몸이 안 따라준다 이럴 때 '얘야!' 하고 불러야 하는데….

그런데 부를 누구도 없다. 나 지금 뭔 생각하나! 꿈꾸고 있다.

세월의 더께로 하여

세월의 더께가 두터우면 두꺼울수록 무게가 더해질 것이고, 그 더께가 사람에게라면 떠받히는 힘은 반대로 연륜을 더해 가면 기력은 쇠잔해지니 더께를 떠받치는 힘이 겨운 게 보인다.

신체구조는 같아도 개인의 조건이 달라서 어느 누구는 잘 이겨 내고, 누구는 그렇지 못할 수도 있다.

오장육부, 사지, 정신신경까지 어느 부위는 남들보다 좀 더 건강한가 하면 어느 부분은 남달리 약한 곳이 있으니 개개인이 조금씩 다르다. 어쩌면 선천적이거나 후천적이면서, 그러면서도 자신도 모르게 망가지는데 그냥 늙어가는 것이라 절반은 포기하고 체념하며 사는 것이 인생인가 싶다.

오래 앉았다 일어나면서 힘이 들어 "에~고고" 소리가 절로 나오고 일어서서 허리를 펴려니 아랫배에 힘이 절로 들어가 배를 내밀어도 두 다리는 엉거주춤이고 걸을 때면 필요이상으로 두 팔을 저으며 걷는 모습을 어렵지 않게 본다.

길을 가다 흔히 볼 수 있는 시골 노인들의 모습이 곧 내 모습인 것 같아 거울에 나를 비춘 듯하다.

세월을 이길 장사 없다고 한다. 세상 천지에 어디에나 다 세월의 더께는 변함없이 쌓여가는 것으로 하여 강산도 변하는데 예전의 모습을 잃게 되는 것을 누구에게만 그렇고 않고 가 아니니 억울할 것도 없겠다만 내 모습이 흉해 보이지는 않고 마지막까지 맑은 정신 지니고 살다가 가고 싶다.

젊은 사람들이 그러겠지 더께도 오래 살고 싶어 안달이라 할까 싶지만, 아니다 하진 않을 것이다. 너무 억울하게 보낸 젊은 시절의 보상으로 비로소 근심걱정이 없는 노년을 맞아 내가 하고 싶은 것에 열중하며 삶을 즐기고 있기에 그렇다.

건강관리는 내 신체 상태를 알고 해야겠지만, 젊었을 때부터 남들보다 요추가 약하다 했다. 의사선생님은 수술할 정도는 아니니 조심조심하며 생활하라 했던 것이 아무리 조심하였어도 나이 들면서 키가 많이 준 것이 요추의 유착으로 그렇다 한다. 그렇다면 척추라고 무사할까 진이 빠지고 골이 빠졌겠지 싶다.

그런데도 자꾸 체중이 는다. 아주 조금씩이다 싶지만 몇 년을 지나면 차이가 보인다. 우선 체중을 줄여야겠다. 과체중은 아니지만 지금의 체중에서 한 3~4킬로만 줄였으면 하는 마음이다 가장 적당하고 좋은 운동이 걷기라니 걷기부터 할까 생각했으면서 자전거 타는 것도 괜찮을 것 같아 자전거를 사왔는데 그것도 안 타진다.

서울은 자전거 타기로는 한강둔치도 좋고, 이젠 일반도로에도 자전거 전용도로가 있어 참 좋더라만. 시골은 그런 시설이 없다 그냥 차도로 나가야하니 위험스럽게 느껴져 자신이 없다. 이유는 자전거 타는 것이 능숙치 않아서 그럴 것이다. 그렇다고 좋은 편리를 누리려고 서울로 주거지를 옮기고 싶다는 마음은 없다

다음으로 가장 적당한 것이 걷기이니 나만의 길을 개척할까 하여 지난여름 어느 하루는 골짜기 끝 민가를 지나 산으로 오르는 길을 가봤는데 무섬증이 느껴져 되돌아 왔다. 분명히 예전에는 길이었음이 분명한데 인적이 지나간 흔적이 없다. 능선 따라 사람이 밟고 다녀 난 길은 다져지고 깎여 들어갔기에 비탈진 곳에서도, 하얗게 눈이 덮였어도 길은 식별이 된다. 산길이란 인적이 한 계절만 끊겨도 나무들의 잔가지가 뻗어나고 넝쿨이 감기고 낙엽들인 더께로 길이 묻혀버린다.

뭣이든 혼자서 잘하는 편이지만 외진 산길산책은 그만 둘까 싶다. 예전에는 가난해서 먹은 것들이었지만 이젠 건강식에 보양식이 되고, 산책길이 없어도 좋은 이곳 세월의 더께로 하여 힘들어 하지 않을 것이다.

여행길 · 1

새벽에 출발할 때부터 내린 비는 거센 바람을 동반하고 있다. 바람의 저항으로 차의 흔들림을 느끼며 고속도를 달리는데 핸들을 잡은 손에 힘이 절로 들어간다.

사방은 깊은 동굴 속에 갇혀버린 듯 자동차라이트의 빛줄기를 붙들고 끌려가면서 얼마를 가야 어둠을 벗어날까 하여 발끝에 힘을 주었다. 그렇게 얼마쯤을 지났을 때 서서히 어둠의 동굴에서 벗어나면서 어둠은 차츰 뒤로 비켜나간다. 좀 더 빠르게 어둠을 밀어내고 희뿌옇던 사물이 차츰 뚜렷이 형체를 드러낸다.

날이 밝아오면서 차량은 더욱 늘어났고 미친 듯 달린다. 모두 무엇이 그리 바쁜지 정신없이 달려간다. 막힘이 없으니 그저 마음껏 달릴 수 있는 길을 터놓았기에 그럴까 쫓고 쫓기듯이 모두가 경쟁하듯 나를 앞질러간다. 아슬아슬한 질주가 곡

예사 같다.

정말 겁난다. 저러다 자칫 잘못하면 연쇄추돌을 못할 것 같아 겁이 난다. 목숨이 몇이나 되는지 목숨을 걸고 달리는 듯하다. 많은 사연을 싣고 달리겠지 내 일이 아니면 가치도 없는 것을, 나 또한 그런 행렬에서 자꾸 뒤처지며 따른다. 무엇을 탐색하는 일개미의 선발대 정도나 되는 여정이기나 했으면 싶다.

나는 허기를 느낀다. 창자가 아닌 가슴에 무엇을 채워 허기를 면할 것인가. 찌들고 낡고 퇴색한 것, 썩은 것들로 엉켜 어지러운 머릿속이 정리가 되겠다.

나는 문학인인데, 그래서 초청이든 아니든 동행할 수 있다. 문학과 관련된 행사에는 시선을 모으고 귀를 기울여 보는 것이다.

호남, 지역문학행사로는 규모가 큰 행사다. 그래서 먼 거리를 마다 않고 간다. 그곳 문학행사에서 선정한 수상자(受賞者)이신 S시인님과 동행인 일행들과 중간 휴게소에서 합류했고, 일행 중 누군가 내 옆자리에 앉아주어 외톨이가 아닌 함께 가는 길이 됐다.

원로문학인들은 이곳을 중심으로 한국문학메카를 이루려는 노력이 빛이 되어 전국을 밝힐 듯 열정을 불태우며 생의 마지막 불꽃이기나 하듯이….

그곳 지역민과 유지들의 지원이 있어 더욱 성대하게 치러진

행사로 하여 원로문학인들의 혼이 담긴 순수문학을 후배문학인은 본받아야 문학을 발전시키고, 지혜를 배울 수 있는 계기가 될 것이란 믿음에 의심이 없다.

다음 날도 행사의 순서가 이어져있다지만 우리 일행은 다른 목적을 향해 먼동이 터 오는 것을 보며 숙소에서 나왔다.

담양의 아름다운 가로수길 이름도 생소하고 발음하기도 어려운 수종인 '메타세쿼이아' 삼나무라고도 하는 가로수, '아름다운 길'로 선정되어 전국에서 관광객이 찾아온단다. 구 도로에 있는 '메타세쿼이아' 가로수길이 도로확장공사 때 사라질 뻔 했었다는 이 길을 지켜내는데 군민의 힘이 컸단다.

우리나라는 땅덩어리가 적어서인지 가로수를 심는 것까지 유행처럼 따라 심는 것을 보는데 다른 곳에 없는 수종인 '메타세쿼이아' 가로수길, 이른 아침 햇살을 받아 붉은 낙엽을 밟고 있는 사람의 얼굴까지 붉게 물들인다. 떨어져 두텁게 깔려있는 낙엽은 이곳을 찾아온 객들을 환영을 위해 깔아놓은 융단이 되어 안내된다.

다시 철새들의 도래지인 순천만갈대밭, 천연기념물로 지정된 흑두루미가 둥지를 틀고 있는 생태공원으로 향했다. 많은 사람이 찾아온다는 그곳을 우리가 그냥 지나칠 수는 없다. 그 넓은 갈대밭을 바닷바람이 훑으며 스치는 소리, 강하게 부드럽게 바람결에 꺾이며 서로 부딪치고 비벼대며 물새들은 날개

젓고 썰물소리, 하늘과 바다와 갈대의 일치감, 눈을 감으면 더 확연해진다 신비스럽고 전율이 느껴지는 감미로움의 음율, 천상의 소리인가 바로 이런 것인가.

아쉬운 발길을 돌린다. 서울로 돌아갈 시간을 계산하며 순천만 갈대밭을 둘러보는 것을 끝으로 일행과는 작별인사를 했다.

다시 혼자다. 혼자가 되면서 어쩔까 잠시 망설였다. 혼자 남겨진 후의 계획을 미리 정한 것이 없을 뿐 아니라 아무생각도 떠오르지 않는다. 이럴 줄 알았으면 차에 지도라도 갖고 다닐 것을, 하나마나한 생각에 조금은 씁쓸하고 허전하다. 무심히 스치는 차량들은 나를 외면한 채 먼지바람을 남기고 간다. 무인도에 놓인 듯 허허하다.

그저 그냥 연안을 따라 벌교까지 오면서 차를 멈추고 멀리까지 물 빠진 갯벌을 생각 없이 바라보면서 이리저리 높게 혹은 낮게 날고 있는 갈매기를 세어본다. 둘 셋, 다섯 마리 가족인가 짝이 안 맞는다. 갈매기와 갯벌을 향해 카메라셔터를 연속 눌러보았다.

여행길 · 2

여행 중에 혼자서 밤을 맞게 되는 것이 가장 어려운 문제였다.

언제이었던가. 그때도 그랬다. 대관령을 넘고 소금강을 들렀다가 강릉, 속초로 해서 동해안을 따라서 가다가 어디쯤 일박을 하며 쉬엄쉬엄 가리라는 처음의 계획이었지만 머물러도 될 만한 적당한 곳을 만나지도 못하고 보니 계속 달리기만 했다.

혼자서 식당이 아니라도 끼니를 해결할 만큼의 먹을 것은 차에 실려 있어 한적한 곳에 주차해 놓고 먹고, 먹으며 운전을 했다.

그렇게 지나는데 아름답기 그지없는 계곡을 보면서도 2차선인데다 연속 굽은 고갯길이라 잠시도 정차할 곳이 못되어 지나쳤던 곳이 절경의 '불영계곡'이었다.

혼자서는 용기가 없어 하룻밤을 묵을 곳을 찾아 들지 못하고 결국 자정이 다된 시간 16시간을 운전을 하며 돌아온 곳,

내 집, 내가 쉴 곳인 둥지는 마음 놓고 편안히 누일 수 있어서일 것이다. 16시간의 운전이 힘든 것보다 밤길에 더듬다시피 표지판을 살피는게 어려웠던 기억이 난다.

30대는 배낭만 짊어지면 대담하게 혼자서 잘도 다녔었는데…. 그런 저런 생각을 하며 벌교에서 광주방향이 아닌 순천을 향해 핸들을 돌려 페달을 밟았다.

행사에 동행했던 일행과 작별을 하고 머릿속은 잠시 방황한다. 벌교에서 광주가 멀지 않는 거리인 듯하다. 하루를 더 이곳에서 머물렀다 가도 되고, 더 많은 날을 지내도 안 될 것도 없으련만 생각되는 것은 오직 집으로다. 광주로 해서 서울로 가는 것이 순리겠지만 순천방향으로 향했다.

그곳을 경류해가면 그리움이 있는 그곳이 거기에 있다. 고향….

순천으로 해서 대진고속도로를 가다 보면 진주를 조금 지나면 거기에 그리움이 목이 메게 하는 고향이 있다. 함양 지곡, 팻말만 봐도 가슴이 찡함을 느끼는 고향, 5백여 년의 긴 세월을 선조로부터 이어져온 고향이다. 가까이는 조부모님, 부모님을 모신 곳이다. 아들네들은 못 간다 해도 일 년에 한 두 번은 꼭 참석하는 것이 도리건만 딸이라 그렇지 못한다 한들 허물은 아니다.

이제는 세대가 바뀐 것이 3세대에 이른다. 자주 찾지 않은 고향이지만, 택호를 대면서 손녀다 또는 딸이다 하면 "아~예" 하며 더러는 반색을 하며 반갑다 할 것이나 그 반가운 인사가 그리 길지 않을 것이다.

인척간이나 형제까지도 자주 보면서 부대껴야 정이 진한 법이다. 멀리 떨어져 수년에 한 번 볼까한 인척인 데다 내 성격이 붙임성 없고 말솜씨도 능하지 못하니 금방 대화가 끊어질 그런 친척이지만, 아버지 항렬에서 사촌, 육촌형제가 열손가락을 꼽고도 남았다.

이제는 '아~이고~ 소희가!' 하며 반겨줄 사람이 없다. 재당숙모님이 계셨을 적에는 왜 자주 좀 오지 않고를 시작으로 잡은 손을 놓지 못하고선 당신이 시집 왔을 때 네 아버지가 일곱 살이었고를 시작으로 해서 내 어머니 새색시 적 이야기부터 오빠가 태어났을 때는 어떻고, 또 내가 세 살 적에 경기로 죽을 뻔했을 때 온 대소가가 발칵 했었다는 이야기는 만날 때마다 첫 이야기로 시작이다. 하지만 이젠 세상을 떠나고 안 계신다. 동 항렬도 고령이라고 자식 따라 서울, 부산, 대구로 흩어져 산다. 그런 곳이지만 언제까지 가슴에는 고향이 자리를 하고 있다.

서로가 택호를 대고 누구의 몇째 아들이고 손자인지를 끌어대지 않으면 모른다. 언제 봤는지 알듯 말듯 한 낯이 설어진 친척들이 고향을 지키고 산다. 그런데도 산소만 다녀가고 마을에 들러 인사도 없이 돌아가면, 얼굴도 안 비쳤다고 그런 법이 없노라며, 그것은 성묘 온 것도 아니라고 노여워한다. 그것이 고향인 것이다.

육촌도 있지만 늦은 시간에 들른다는 것은 폐가 될 것이란 생각은 오직 내 마음이고 생각이지 늘 고향의 친척들을 그렇지 않노라 말한다. 고향엘 오면 누구 네면 어떻고 좀 불편하면 어떠냐한다. 맞는 말이다;

먼 거리만큼이나 멀어진 마음이라 읍내서 쉬었다 다음날 들러 성묘도 하고 올까? 하는 순간적 생각은 달리는 차의 속도만큼이나 빠르게 스쳐간다. 마음은 금방 바뀌어 다음에 오지 뭐, 하고 마음을 바꿔 정하니 가슴이 뭉클하며 눈물이 나오려 한다. 다음에 오겠다는 마음을 굳히며 다짐한다. 그리고 가속 페달에 힘을 준다.

내 고향은 산수가 아름다운 고장이다. 가을, 겨울풍경도 좋고, 봄여름 어느 계절에나 사진 찍을 좋은 곳들이 많은 곳이다, 그런 고향을 지나치면서 그래도 이번 여행이 신선한 산소로 머릿속을 가득 채워져 상쾌한 기분이다.

떠날 때를 준비한다

늙음이 어느 날 갑자기 찾아오는 것이 아닌 것처럼, 또한 퇴진도 갑자기 오는 것이 아니라 본다.

자신이 물러날 때를 알고 물러나는 것은 참 훌륭한 일인 것이다. 하지만 자기의 의사와는 달리 제도에 의한 조기 퇴출한 많은 가장들은 실의에 빠져 거리에서 방황하고 있다.

아직은 더 일할 수 있어야 하는데, 밑에서 치오르고, 승진에서 밀려나면 퇴출 대상에 오를 것이다.

자신이 택한 분야에 몸을 던져 이룩한 성공한 삶이 있다. 그중에는 명예를 얻은 삶이 있고, 남보다 많은 부를 축적 한 삶이 있으면서 명예도 얻지 못했고 부도 축척하지 못 했으면서 존경받는 삶도 있다.

현 시대에서는 명예를 얻으면 부가 동시에 따라와 성공한 삶의 길을 향해 학업에서부터 심한 경쟁으로 주변을 견제하지 않으면 안 되는 틀 속에 있다. 그리고는 자신의 능력 이상의 것을 욕심내어 그 목표를 향해 수단과 방법을 가리지 않고 보니 많은 폐단이 있게도 된다.

능력사회에서는 잘만하면 얼마든지 명예와 부가 한꺼번에 쥘 수 있으니 부끄러운 짓도 방법으로 택하는 것을 본다. 그렇게 애쓰고 어렵게 쟁취한 명예와 부에 대한 욕심은 한계가 없어서 힘들게 쌓아올린 명예에 지울 수 없는 먹칠을 하고 스스로 몰락하고 있음을 본다. 문제는 먹칠됨을 본인과 측근과 가족이 부끄럽게 느끼기보다는 재수 없이 나만 묶여가야 하느냐고 항변을 하며 그 끈을 놓지 않으려 발버둥치는 천한 모습이 불쌍하게만 보인다.

부끄러운 것을 부끄럽게 느낄 줄 모르는 사람을 보면서, 명예를 목숨처럼 여기며, 황금을 욕으로 여기는 옛 선비의 정신이 필요한 오늘 그런 인격의 소유자라면 존경 받을만한 성공한 삶이라 하겠지만, 인격이 아닌 물질로 성공의 무게를 두는 것이 요즘 세상이다.

조기 퇴출은 자질 없는 정치인들에 있는 것이 아니다. 아직도 능력이 있으면서 밀려나는 퇴출이 기업에서 있어 우리를 우울하게 한다.

직장에서 어느 단계가 되면 자진 퇴진의 준비로 가족의 뜻을 모아 지혜롭게 길을 열어 가면 일터를 잃었다는 상실감으로 방황하는 일은 없을 것이다. 가족들의 절대적인 위로와 지원을 받는 가장이라면 새로운, 무엇을 시작을 하더라도 성공할 것이다. 욕심을 정화화한, 수양된 마음으로 조기 퇴출이 끝이 아니라 새로운 시작인 것이다.

인연 따라 떠돌고

아쉬움과 허전한 마음으로 십여 년을 살아온 집을 매물로 내놓은 지 일 년여다.

처음에 전원생활을 꿈꾸며 서둘러 서울의 아파트를 처분했다. 누구에게 상의를 할 것도 없이 혼자 결정하고 저지르고 말았다. 그때의 결정은 참 잘했다고 생각된다. 서울의 아파트가 아무리 값이 올라도 내가 즐기는 생활의 값에 비교할 것인가. 그렇게 즐기며 가꾸어온 집을 다시 내놓으니 마음 한 편으로 애착심이 거래를 성사시키는 것을 어렵게 한다.

어린 묘목을 심었던 것이 10년 가깝게 지나니 보기 좋게 어우러진 정원이며, 돌밭이나 다름없는 텃밭은 돌들을 골라내서 쓸 만하게 다듬어 놓아 곳곳이 내 손길이 미치지 않은 곳이 없다.

얼마 동안 새 임자가 안 나선다. 그것이 시세가 비싸서도 아니다. 집을 사고파는 것도 인연이 있어야 하는데 아직은 인연이 없는 것이다. 보러온 사람들 중에 마음에 들어하는 사람도 여럿 있었다.

그중에는 몇 사람은 계약을 하겠다고 시간까지 약속을 했으면서도 틀어졌고, 어느 때는 내 자신 망설임으로 계약단계에서 버그러지기도 했다.

집을 넘기는데 더 망설이지 말고 이제는 결단을 내려야했다. 더 끄는 것은 욕심이고 집착이 아닐까 생각이 드니 찔끔해진다.

지금 나는 내 자신을 확인하며 주변을 정리를 하면서 살아야겠다는 생각에서다.

내 오빠가 산만큼의 나이에 5년이나 지났고, 앞으로 1년을 더 살면 어머니만큼 수명을 산다. 그리고 아버지만큼의 수명을 누린다면 한 20 수년이 남았다. 사람의 평균 수명이 늘어났다고는 하지만, 부축 받지 않고 나다닐 수 있을 때만이 살았다 할 수 있는데…. 내 수명을 다할 때까지 어떤 상황에 놓여질지, 머지않은 날에 어떤 곤란한 처지에 있을지는 누구라 예측할 것이며, 아무도 장담을 못 한다.

그동안 한 푼 수입도 없으면서 대지 2백 평에 건물이 5십평인 데다, 아무리 경차라지만 승용차를 보유하고 있으니 내 주제로는 더 없이 호사다. 어쩌면 사치라 말할 수도 있다.

내 젊은 날의 삶은 손에서 일을 놓아본 적이 없다. 일을 하는 것은 내가 살아가는 수단일 뿐, 수입이 많고 적은 것에는 그렇게 중요하지 않았다. 그놈의 원수 같은 것으로 그렇게 큰 상처를 받았으면 원수를 갚기 위해서라도 악착을 떨어 부를 축적하는데 힘을 써야하건만, 누구는 그러더라, 죽을 때 버리고 죽더라도 그놈의 돈은 많을수록 좋다고. 하지만 내겐 목적이 없었다. 이재에 어둡고 욕심이 없는 성격대로 재산을 불려야할 목적도 이유도 없었다.

그저 나를 믿고 찾아준 고객에게 약속을 지키기 위한 책임과 성실히 한 것만으로 맡은 일에 최선을 다하는 것으로 하루하루를 지탱했는데 그래도 그 대가는 조그마한 거처를 마련하게 된 것이 서울 강남의 작은 아파트였고 그 아파트가 이곳의 전원주택으로 전환된 것이다.

집을 장만하는데 누구로부터 지푸라기 한낱 도움 받지 않은 내가 흘린 땀 밴 손끝으로 얻어진 쌀알 같은 재산이다.

이제는 이 쌀알 같은 고귀한 재산이지만 이 재산으로부터 미련을 버려야 할 시기다. 부동산을 처분한 것으로 펑펑 써댈 만큼 많은 액수는 아니지만, 지금처럼만 근검하게 생활하면 누구에게 손 내밀지 않고 죽을 때까지 쓸 수는 있다.

생활의 편리함으로 보면 서울에서 생활하는 것이 좋겠으나 불편한 것을 감수하려는 것은 운전을 할 수 있어서다. 운전을 할 줄 몰랐다면 어찌 외딴 곳까지 올 엄두나 냈겠나. 유류인상으로 유지비가 만만치 않지만 현재는 발이 돼주니 없앨 수가 없다. 그래서 그런 저런 불편 없이 지출하면서 그냥 그렇게 되는 대로 살려고 한다.

매매가 되려니 참 우습게 이루어졌다. 집과 신발은 임자가 있게 마련이라더니 정말 그런가 보다. 그런데 집을 팔고 나니 어디로 옮겨가야 할지 당황스럽다.

예전에 아파트를 팔았을 때처럼, 보통은 시세가 올라갈 낌새가 있으면 내놓았던 매물을 걷어들이는 일이 허다하다지만, 내놓은 매물에 매입하겠다는 작자가 나타났는데 한번 팔겠다는 마음을 번복하지 못하는 내 성격을 1년 전에 값으로 그대로 내맡겨 놓는다.

현재 전국적으로 땅값이 올랐다. 내가 집을 팔고 나니 전년보다 올랐단다. 이유는 여러 가지다. 개발지역이 아니라도 세금을 올려놨고, 투기지역이니, 관리지역이니, 거래허가지역이다 하여 자유롭지 못하게 했다 해서 부동산값이 안정된 것은 아니다.

그런데 내가 다시 매입하려고 다녀 보니 지난봄과도 다르게 지가(地價)가 오르지 않은 곳이 없다. 내 것을 팔 때는 몰라서 싼값에 팔았으니 서울에서 좀 더 먼 지역으로 줄여 가야한다. 투기가 아닌, 개발 발전과는 관계가 없는 곳을 찾아서.

저주의 영혼

세상에 모든 생명이란 다 소중한 것이다.

생명을 가진 것이라면 미물까지도 소중타 하거늘, 더군다나 사람의 목숨이야 그 어디다 비할 것인가.

생활에 이용하는 기기로부터 생명의 위협을 당하며 산다. 생활의 편이를 위한 것들로 사용자의 부주의에 있어서 화를 당할 수 있는 것들을 다 셀 수 없다.

내 실수나 부주의도 있는 그런 사건 사고로 자신과 타인을 죽음으로 세상에서 몰아낸다.

그런 것을 많이 겪다보니 누가 죽었다 한들 별로 놀랄 일이 아닌 그런 세상에 우리는 산다.

내 가족이 당했다면 놀라서 까무러치고, 좀 아는 사람이 당한 일이라면 친분의 정도에 따라 놀라움의 도가 차이가 있다. 그 외는 놀라지도 않을 뿐만 아니라 눈도 깜짝 않는다.

하루에 교통사고로 사망하는 수만 해도 얼만데, 또 해마다 장마철이면 수해를 입는 곳곳에서는 어김없이 실종자와 사망자가 있는 것을 연중행사로 겪고 있다.

자동차, 유류, 전기, 가스는 사람이 절대로 필요로 하는 것임에도 작은 실수도 용납하지 않는다.

실수로 인한 사고로 죽고 다치는 많은 사건들, 어쩌면 나도 그중의 한 사람일 될 수도 있는 생활권에 살면서도 나와는 상관없는 것처럼 여기고, 그런 뉴스에는 조금도 놀라지 않을 만큼 예삿일이 돼버렸다. 그리고는 외면하고 싶어 한다.

제 자식은 마음대로해도 된다는 잘못된 인식을 갖고 있다.

자식이 잘못되면 때려서도 바로 잡아야 하는 것이 부모의 도리라 알고 있다. 하지만 때리는 것도 정도가 있다. 조부모가 옆에서 보았다면 애 잡겠다며 말리기도 한다.

현대의 아동학대법은 내 자식도 마음대로 때리지 못한다. 좀 큰 아이들은 꾸중을 듣거나 매를 맞으면 부모를 신고하는 세상이다.

아이를 매질이 한두 번, 하루 이틀로 끝나지 않았기에 결국 죽음에 이르게 했을까. 살인의도가 없었다면 왜 병원에 되려 가지 않았는지.

이웃이 있으면서도 이웃이 없는 무인도처럼 삭막한 세상에 우리는 살고 있다.

네 것 네가 먹고, 내 것 내가 먹고 살기에 네가 어찌 살든 내가 어찌 살든 서로에게 관심도 가질 필요도 없고 관심을 가져주는 것도 원하지 않는 개인주의 사생활만 강조되는 삶을 산다.

관심을 가지고 봐주는 이웃이 있다면, 내가 이웃에 관심을 가져 주었다면, 나와 연결이 되어 불려간 사람이 연락이 끊겼음을 관심을 가졌으면, 한두 사람의 희생을 막을 수도 있었는데….

우리는 이웃에 관심 없으니 그 집에서 사람이 죽어 나가도 모르고, 죽여 나가는 사람이 한둘이 아닌 그 많은 인명이 처참히 죽임을 당했는데 아무도 몰랐다. 우리와 벽을 사이에 둔 저쪽 방에서 밤마다 사람을 죽이고 있었는데.

그곳은 바다 한가운데 떠있는 머나먼 어느 무인도 같은 아득한 세상이었다.

우리 서로가 이웃의 감시자가 되더라도 관심을 갖고 살아야 하지 않을까. 이웃에서 큰소리가 나면 귀 기울여 보고, 처음 보는 얼굴이면 먼저 인사하고 말도 걸어 보고. 그런 것이 내게 화가 될까 저어하면, 조금만 이상타 하면 경찰에 신고한 것으로 대신할까.

걸핏하면 경찰을 부르는 한심한 세상이 슬퍼하면서. 그런 것 저런 것 경계하고 색안경 쓰고 보려면 요즘은 가정불화에도 죽이고 살리고 하니 예삿일이 아니고, 가족 간의 싸움이지만 이웃으로써 만류할 정도가 아닐 때는 경찰에 신고하고.

사소한 것으로부터 시작해서 죽음을 부를 만큼 큰 싸움되니.

부부싸움도 정도가 지나치다 싶으면 경찰을 부르고 아무리 제 자식이지만 정도가 아닌 매질은 아동학대로 신고를 하고. 가정불화로 부모를, 아내를 남편을, 자식을 해치는 일이 허다하니. 이웃의 관심이 아닌, 감시 조를 만들어 순찰을 하게 하던지. 걸핏하면 경찰을 부르는 한심한 세상이 슬퍼하면서. 그런 것 저런 것 경계하고 색안경 쓰고 보려면 차라리 내 안에 철벽을 두르고 대문 꽁꽁 걸어 잠그는 도리밖에 없다.

착하다는 의미

인간전체에 극선과 극악이 각각 10%라 한다.

나머지 80%는 선과 악의 중간에 밀리고 당기며 때로는 이기심으로 자신도 모르게 상대에게 악행을 저지르기도, 선행일 경우도 있는, 인간사는 상대성이라 웃고 울며 산다. 사람 사는 사회는 그런 것이라 하겠다.

뿌린 만큼 거둔다고 하고, 적선을 하면 3대가 복을 받는다는 말도 있다. 요즘 시대에 착하다는 어휘 자체에 의미를 느껴보지 못했다. 인간으로서 도리? 기본적인 관계를 잘 이끌어가는 것만으로 할 도리를 잘하면 착하다고 하기보다 정직하다는 말이 맞다.

착하다는 것은 정직하다는 것과는 느낌이 다르다. 정직함은 매우 주관적인 의식의 성격이라면 착하다는 것은 우유부단 하다 할까, 모나지 않아 이러나저러나 무방한 성격으로 불이익을 당해도 곧바로 내색을 않아 이기적인 사람에게 이용당하고 지 몫도 못 챙기는 어리석한 사람으로 취급하는 세상이다.

성인이면 그냥 정직하고, 예의 바르고, 아래 위 분별력이 있으며 준법정신이 투철해서 아무도 통행자가 없는 한적한 지방도로에서도 교통신호를 착실히 지키며 교통법규를 위반하는 사람까지 양보하고 배례한다면 착한 것 아닐까 싶다.

또 있다 때에 따라 착한 일을 할 경우는 1주일에 한 두어 번 무료봉사를 하는 일, 길을 가다 넘어진 사람을 일으켜 주며. 길거리에서 구걸하는 사람에게 적선을 한다든지, 구호단체에 정기적으로 수입에 일정금액을 후원금으로 보내는 사람들이 있다. 이런 사람들이 다 착한 사람일 것이다.

"착하다." 어린아이를 얼러주고 싶을 때나 쓰던 말이 있다.

"이리 온, 아~ 착해라."

"그건 안 돼. 그러면 할아버지가 이놈 한다."

"그래! 에고~ 말도 잘 듣네! 어유~ 착해라~"

착하다는 것, 어른 말씀에 거역할 줄 모르고 시키는 대로 공손하게 잘 따르는 것, 자신에게 불리해도 모르고 겁을 주면 커다란 눈에 닭똥 같은 눈물을 흘리고 그냥 착하다하면 좋아라! 하던 애기들이다.

지금 초등하고 저 학년만 해도 자기 주관이 뚜렷해 이유 있는 설득이 아니면 자신의 의견을 굽히지 않는다.

무료봉사원, 그중에도 장애인 봉사자는 정말 착한 심성이 아니면 할 수 없을 듯하다.

금번 여주 도자기 축제행사장에 봉사자들이 나와 있다. 남녀 봉사자들은 정년퇴직을 한 이들로 1달에 60시간을 한단다. 때로는 중증장애인 봉사는 그에 따르는 전문 교육을 이수하고 자격증을 취득까지 했다는 그는 참으로 착한 사람이라 여겨진다.

나는 나이 들면 무엇을 하며 노년을 보낼까 하는 생각을 많이 했지만 봉사를 하면서 노년을 보내겠다는 생각은 단 한 번도 해보지 않았던 나와 비교하면 그들은 분명 착한 사람들인게 맞다.

어디까지를 착한 사람이고 어디까지를 나쁜 사람이이라 할까. 보통은 편견을 갖고 보느냐 아니냐에 따라 다르다. '주는 것 없이 밉다.' 혹은 '제 사랑 제가 지니고 있다.' 내가 '베푼 만큼 돌아온다'는 여러 층의 말이 있는 것으로 보면 인간관계는 상대적이라 하겠다.

너무 선하면 어리석어 보이고 세상 사는데 힘들 것이다 하고, 똑똑한 자는 영악한 사람이라 자기 앞가림쯤은 수완이 능란해 세상살이 잘 헤쳐 나갈 것이다.

지식만으로는 교양을 갖췄다고 볼 수 없다. 교양은 어려서부터 생활 속에서 쌓이고 길들려지는 지와 덕으로 하여 마음의 윤택함이 아닐지 싶다. 명석한 두뇌를 잘 살려 사회에서도 전문직종의 능력을 인정받으면서 마음씨까지 예쁘고 착한 그렇게 완벽한 사람을 가족으로 인연을 맺는다면 하늘이 내린 복이라 하겠다.

물은 건너봐야 알고, 사람은 겪어봐야 안다고 말은 하지만. 서로간의 이견의 갈등쯤은 헤쳐 갈 줄 아는 지혜로움이 있으면 웃어른의 자애로움을 자연히 닮을 테니 어찌 착하다 하지 않을까.

비정한 것이 권력이다

해가 기울어지면 각기 흩어져갈 것이고, 선박이 풍파에 흔들리면 익사를 할망정 뛰어내리려함은 사람의 본심일 것이다. 누구나 침몰하는 배와 함께 수장이 되려고 하지 않을 것이다. 민심이란 것, 민초는 바람이 부는 쪽으로 눕는다. 이것이 진리다.

하지만 바람을 조작할 수 있는 이 시대는 불의(不義)가 정의(正義) 누르는데 언론이 바람역할을 한다. 태풍을 동반한 거센 파도를 만나지 않고 순항을 해서 배가 목적지에 안전하게 닿을 때까지 책임을 게을리 하지 않아야한다. 철저한 관리책임이 선장 혼자만의 몫은 아니다. 조타사, 항해사, 갑판장이 함께 힘을 합해야하는 것이다. 그처럼 대통령과 국무위원과 여당이 함께라야 한다.

이 판국에 한 집안에서 적자가 옳으니 서자가 옳으니 하고 따지며 잘못됨이 서로의 탓이다며 싸우면 그 집안은 이미 망조가 든 것이다.

이미 그 징조는 총선 때부터 나타나 있었다. 애초에 대통령에 대한 크게 기대를 하지는 않았지만 가장 비리가 없는 대통령이 되길 바랐다.

언제나 그렇듯 집권 말기는 해가 서산에 기울 때가 되니 좀비처럼 일어나 설치면서 여기저기 쑤시면 떠져 나오기 마련이다.

여당, 여당으로 도지사, 국회의원 당선됐으면서 뒤뚱거리는 선박에서 재빨리 뛰어내리는 것은 철저한 손익계산을 해서겠지만 국민이 볼 때는 지지를 잃은 당에 있을 때보다 더한 비난을 면치 못할 것이다.

옛날 기자들을 향해서 펜이 칼보다 무섭다했다. 그만큼 기사 한 줄에 불의에 굴하지 않는 정의와 사명감을 가졌던 그들은 존경의 대상이었지만 요즘 기자들은 미쳤다. 불의일망정 힘 있는 곳 득이 있다하면 그쪽으로 쫓아가 아부성 기사를 써야 생존이 가능한 시대다.

최순실 사단은 박대통령의 실수고 잘못이다. 대통령이 고개를 숙여 사과했다. 잘못이 있고 불법이었다면 법에 따라 처벌이 있을 것이다. 하지만 야당은 법적 판단도 있기 전에 정치공세를 하며 퇴진하라 부르짖으며 정권탈취 목적에 온갖 수단을 다 동원하며 선동한다. 기자들은 사건과 관계도 없는 오만

가지 다 들쑤셔내 대통령과 연결해 옭아매며 필요이상 신상털이를 한다.

임기가 끝나가는 정부는 힘을 잃었고 결점을 잡은 야권은 하늘이 준 기회다며 희색이 만면하며 연일 포탄세례를 퍼붓는다.

언론은 여론을 부추기며 더욱 선동 질하며 국민들의 혐오감을 불러일으키게 하고 있다.

구석구석 쑤시고 헤집어대며 짓밟고 뭉갠다. 이런 행위는 정상적인 기자들의 취재보도행위가 아니다. 저급한 파파라치들의 수준이다.

사실여하는 관계없이 국민들의 선동하고 책동하는데 언론이 큰 역할을 담당했다.

북한 선전 방송은 통일만 안 됐을 뿐 이미 남한을 접수했다고 선전하는 지금을 일본 언론은 한국 상황을 공산화직전의 월남과 같다고도 보도했다.

우리나라 야당은, 정부여당을 견제하는 건전한 야당이 아니라 정부를 반대하기 위한 좌파들의 집단체인 것이다.

"북한 인권에 대해서는 북한에 물어보고 처리하겠다는 것이 야권세력이고, 고고도미사일방어체계 사드배치를 두고는 중국에 물어보고 처리해야 한다는 야권세력이이며, 한일 간 군사사정보호협정을 합의한 장관을 단죄해야 하겠다는 세력이 우리나라 야권이며, 북 핵을 족적 핵이라고 여기는 세력들이 우리나라 야당이다. 자유민주공화국 주권을 포기하는 것을 진보라 하는 세력"에 정권이 넘어갈 위태로움에 있어서 보수라 하면 목소리를 내야 한다.

이런 상황에도 보수의 소리는 작다. 울림이 없이 목구멍으로 기어든다. 최순실 사단을 덮을 정치적 능력도 언론과 문화를 통한 선전능력이 없다. 보수들은 동원 능력도 없으니 보수들의 맥 빠진 목소리에 울림이 없다.

비리로 따지면, 김대중 정부, 노무현 정부 박지원, 문재인 것만 하겠나. 기업이 미르. K스포츠재단에 돈을 내는 것 안되고 아태재단이나 아름다운 재단에 내는 돈은 문제가 안 되는지 묻고 싶다.

지금 좌파들은 저거들 세상 만난 듯 기세등등하고 운동권출신답게 극한투쟁에 온 전력을 다한다. 북한식으로 항전결투 그 자체다.

지금 그들에겐 헌법은 무시해도 되고, 촛불시위를 민심이라며 더욱 신명나 하고, 야당 당대표가 한 약속 뒤엎기나 하면서 근거도 없는 발언으로 목청 높여 서로 간에 경쟁이며, 서울시장이 국무위원 총사퇴하라 엄포를 놓는 막가는 대한민국이다. 법은 다음이다, 사실이 아니면 어떠한가. 온갖 포악을 다 동원해 정부를 탈취하는데 목적 두고 있다.

문재인은 시위집회서 현정부대통령을 끌어내자고 목청을 높이며 목적이 정권탈취에 있음을 드러내고 있다. 탄핵에 앞장서 졌다는 여당 전 대표위원은 박 정부에 부역자로 취급을 받으면서까지 탄핵에 동조하려는 것은 잘못된 판단이고 실수다.

촛불시위 주도하는 민중궐기투쟁본부는, 해산된 구 통진당 잔당세력들은 주모자 몇몇의 사진과 이름을 앞에 드러내 놓고 외치고 있는 시위대. 민노총 등 전국 좌파단체들로 구성된 그들이 이끌고 있는 자리에서 거대한 가짜 보수 정치세력을 횃불로 태워버리자고 야당 주자는 목청을 높인다.

대통령이 잘못이 있고 기대에 미치지 못했다하더라도 이 나라를 좌파에게 넘어가게 해서는 절대 안 된다.

난세에 영웅이 난다 했거늘 이 나라를 구원할 영웅은 어디에 있을까.

(2016년 11월 27일)

텃밭 수확

전날 고구마를 캐느라 많이 힘들어 일찍 잠자리에 들었는데 한숨 자고 나니 잠이 달아나 버렸다. 금년에 심은 고구마는 반이나 죽었는데 씨알도 잘다.

애초에 고구마 순을 살 때 밤고구만지 호박고구만지 확인을 하고 샀어야 했는데 묻지도 않고 덜렁 사다 심었더니 그게 호박고구마란다.

이웃이 지나다 "호박고구마 심었네요." "예?" 그렇단다. 잎과 줄기가 붉은 빛이 있는 것이 호박고구마이고 그것은 잘 죽는단다.

호박고구마라 그래서인지 많이 죽었다. 죽은 자리에 다시 심어도 될 시기지만, '조금 먹고 말지 뭐' 하는 생각으로 더 심지 않았다. 이곳으로 이주해 와서 첫해 고구마 농사였다.

나는 호박고구마가 질척해서 좋아하지 않았다.

절반에 가깝게 죽은 데다 씨알이 잘고 소출이 적다. 거기에다 어떻게나 땅속깊이 알이 들어 있는지 캐는데 많이 힘들었다. 왜 그렇게 깊숙하게 들어갔는지 생각을 해보니 이유가 있음을 알겠다. 이번에 쓴 밑거름이 문제인 것이다. 무슨 거름이 그렇게 풀이 많이 나는지 비닐을 씌운 그 속에서도 풀이 잔뜩 나 있다. 비닐 속에서니까 좀 자라다 죽겠지 생각했는데 그게 아니다.

죽은 고구마 순을 뽑아낸 그 틈으로 잡초는 고구마인 주인공을 억누르고 기세를 부리고 자라나오고 있다. 그렇게 자라나온 잡초를 방관하며 둬두었더니 또 이웃이 보다 못해 한마디 해준다. 풀을 뽑아줘야지 왜 안 뽑느냐고. 잡초가 너무 성하면 고구마 알이 앉을 자리도 잡지 못한단다.

그렇게 한 해 두 해 경험을 한 것도 5, 6년이 지났는데도 서툴기는 여전하다. 한 가지 경험을 하면 또 다른 한 문제를 만난다. 아무리 작은 농사라고는 하지만 아무나 하면 그저 되는 게 아닌 것을 배운다. 땅의 정직함이라던가, 노력한 만큼 그렇게 아는 것만큼 안겨주는 소득인 것을 배운다. 그 말을 듣고는 고구마가 알이 안 들면 안 되지…. 부랴부랴 풀을 뽑았다.

잡초는 이미 억세져서 뽑아내는데 힘도 들고, 씌운 비닐이 다 찢어졌다. 잡초 때문에 자리를 빼앗겨 그래서 그랬을 것이다. 고구마는 뿌리를 더 깊게 내렸을 것이고 뒤늦게 그나마나 고구마가 달린 것이렷다.

얼마나 깊이 자리를 했으면 호미로 안 돼 삽으로 밟아 젖히면 거의 삽에 찍히지 않으면 반 토막으로 잘려 나온다. 그래서 오늘은 쪼그리고 캘 수 없어 퍼질고 앉아 호미로만 힘들어 삽으로까지 내가 갖은 연장이 다 동원됐지만 그래도 긁히고 찍히고 상처투성이 고구마 수확이다.

씨를 뿌리며

해마다 되풀이 되는 텃밭 가꿀 시기를 맞았다. 어느 때나 마찬가지로 금년에도 상추, 쑥갓은 모종으로 사다 심고, 도라지는 꽃을 볼 목적으로 텃밭 가장자리에 씨앗을 뿌렸다.

도라지를 심어보고 싶은 마음은 오래전부터 있었는데 실행을 옮기는데 오래 걸렸다. 금년에는 보라색 도라지꽃을 보게 될 것 같아 지금부터 설레는 마음으로 기대가 크다.

꽃도 보고 뿌리를 캐면 여러모로 쓰임이 있을 것이다. 식재료로도 좋고 여러해살이라 캐고 싶을 때 캐면 되니 때를 맞추어 캐야하는 그런 부담이 없어 더욱 좋을 듯하다.

도라지 하면 먼저 경기지방의 도라지타령이 생각나게 한다. 도라지 타령을 흥얼거려 본다.

한국, 중국, 일본 등 분포하는 도라지는 한의학에서 치료약으로 처방한다.

도라지에는 사포닌, 비타민C, 철, 인이 함유해 있다 한다. 그런 때문만이 아니었을 것이다 오랫동안 사람들의 사랑을 받아온 것은 쉽게 채취할 수 있기 때문이 아니었을까 싶다. 잎채소가 없는 계절인 이른 봄이 되면 산으로 올라가 뿌리를 캐서 반찬으로 밥상 위에 올렸다.

날것으로 무쳐먹고 말렸다 두고두고 먹으면서 약으로도 썼으니 팔방미인인 셈이다. 그런 도라지는 야산에서 자연산만으로 충당하지 못하니 재배농가가 고소득원으로 꼽고 있다.

꽃말이 '영원한 사랑'이라는 도라지꽃은 그렇게 화려하지도 예쁘지도 않은 꽃, 참 단순하고 더없이 순수하고 청정하다.

이렇게 여러 가지로 이로움이 많은 도라지를 지금 와서야 뜰에 씨를 뿌리려 했을까. 하지만 지금 씨를 뿌렸지만 여름에 꽃을 보고 가을에 뿌리를 캐면 먹을 수 있다 한다. 도라지는 여러해살이라 금년에 안 캐고 내년이면 키가 더 큰 꽃대에서 꽃을 피운다 한다.

도라지는 한의원에서 약용으로 쓴다. 치열. 폐열, 편도선염의 열을 치료하는데 쓰였고, 감기 기침, 진해거담, 기관지염, 그 외도 여러 증후에 쓰임이 있다.

옛 선조들의 지혜는 지금처럼 과학적으로 여러 성분을 퍼센트로 내놓지는 못 했지만 잘 알고 썼으니 따지고 보면 우리 산천에 널려 있는 많은 나물, 뿌리, 열매나 버섯이며 먹는 것들이 인체에 이로움을 주는 보약이 아닌 것이 없을 정도로 많다.

예전에 흉년에는 도라지 밥을 해 구황식으로도 쓰였다 한다. 도라지를 삶아 자루에 넣고 물에 담가 발로 밟아 쓴맛을 빼서 밥할 때 얹어서 섞어 먹었다 한다. 또 도라지 간장도 담갔다하는데 도라지 간장은 어떻게 담그는 것일까 알고 싶다.

나는 도라지꽃만 보고 싶었는데 뿌리가 그렇게 다양한 약성까지 있어 우리 식생활에 친근한 도라지다. 도라지 그 꽃을 보려는 꿈으로 들떠 있는데 웬일인지 싹이 나오지 않는다. 상추씨와 같은 날에 씨를 뿌렸는데 상추는 벌써 싹이 나오고 떡잎뿐만이 아니라 속잎까지 제법자라 나풀거리고 있는데 도라지는 소식이 깜깜하다. 꿈을 꾸듯 기대를 했는데 실망을 시킨다.

씨앗봉투에 분명히 전년도 산이란 날짜를 확인했는데 더 기다려야 할까 새로 씨앗을 사다 다시 뿌려야 할까 작은 갈등을 겪는다. 나는 나이가 더해지면서 조급해하고 서두르는 버릇이 생겼다. 그래서 안 해도 될 지출을 이중으로 하는 경우가 종종 있다.

얼마 전에는 복숭아나무에 싹이 트기 전에 진딧물 약을 치는 것이 좋다 해서 때도 아닌데 덜렁 사오고 보니 약이 있지 않은가. 그런 식이다. 다시 반품도 어렵다 설명이 잔글씨라

알아보기 쉽도록 큰 글씨로 사용설명을 약병에 했으니 낙서가 됐지 않은가.

도라지 씨앗을 다시 사다 뿌리는 경우가 되더라도 낼 모래 비가 온다니 그때까지 기다려 보고 씨앗을 사와야 할 것 같다.

도라지꽃이 그립다. 그래서 더욱 도라지를 심어 꽃을 보려고 마음 굳혔다. 며칠을 두고 생각만으로 꽃을 볼 수 있지 않을 것이니 실천하고 성사시키는 일이 마음과 함께 몸이 움직이고 발로 뛰어야 이루어진다.

밥상을 마주하고

혼자 먹을 밥상을 준비하는 일은 별 즐겁지 않다. 그래서 인간은 혼자보다는 여럿이 둘러 앉아 함께하는 생활이어야 하고 함께 먹으며 희희낙락하며 진미의 맛을 느끼며 즐거워하는 밥상이어야 한다.

가족이 아니더라도 함께하는 밥상에 좋아하는 음식이면 그도 즐거울 것이다. 식구가 많거나 없거나 관계없이 밥상을 준비해야 하는 마음은 같을 것이다. 때가 되면 뭘 해 먹을까 하는 잠깐의 고민은 혼자인 밥상도 다르지 않다.

요즘 그 귀찮은 밥상을 마주하면서도 즐겁다. 내가 좋아하는 것들로 가득 해서다.

두어 달을 방치해 두었던 밭에서 풋고추와 호박잎이 난다. 며칠째 그것들과 친하게 지낸다. 이렇게 고마울 수가. 잡초 속에 묻혀있던 풋고추는 벌레가 먹은 것 말고는 병이 없다.

어린 고추를 따서 밀가루를 입혀 쪄내 양념장에 무치거나 조림을 하여 내 입맛에 맞추고, 애호박 새우젓찌개나 부침개도 입맛대로 만들고, 보드라운 호박잎 쪄낸 호박잎쌈에 햅쌀밥은 또 얼마나 식욕을 돋우는지 그런 것들로 요즘 밥상이 혼자라도 즐겁다.

반찬 타박은 안 해도 밥은 까다로운 식성이라 외국에서는 못 살 것 같다. 한국 쌀밥이 아니면 살 수 없을 것 같다. 나는 역시 토종 종에 토종 한국인 거야.

서로간의 이견으로 갈등이 일고 충돌하기도 하고 화해하며 인간적 정을 나누는 가족이 있어야 한다. 인간생활에서 자기가 좋으면 된다고 하지만 결코 그런 것만으로는 삶의 전부는 아니다.

누구와 함께한다는 것은 때로는 좀은 번거롭기도 하지만 즐기고 누리는 것으로 사람생활이고 행복이 아닐까 한다.

헝클어진 실타래

"윗물이 맑아야 아랫물이 맑다 했다." 이는 옛말이다.

실개천이 모여 강을 이루었으며. 윗물이 흐렸어도 아래로 흐르는 시간이 길면 물은 다시 맑아질 것이며, 맑고 깨끗한 물이 모여든 강물도 다루기에 따라서 혼탁한 물이 될 수도 있는 것이 현실이다.

우리 사회 곳곳이 썩고 병들어 외과적 수술 치료가 필요한 곳이 널브러져 있다. 머리가 먼저 썩었는지 몸통이 썩었는지 분별할 수 없으니 치료방법을 찾기는 더욱 어려울 것이다. 더러는 머리가 먼저 썩었다하고, 또는 오장육부가 다 썩었는가 하면 사지까지 썩어 있다.

헝클어진 실타래 같은 어지러운 정국은 수술대 위에 올려진 거구를 가지고 누구는 머리부터 수술을 해야 한다하고, 누구는 썩을 때로 썩은 오장육부를 도려내야 한다하고, 또는 썩어

들어가는 사지(四肢)부터 잘라내야 한단다.

서툴게 잡은 메스를 든 손은 수전증이고 덜덜 떨기만 할 뿐 썩은 곳 어느 부분도 잘라내지 못했으니 언제 어느 때 하고 폼만 잡고 소란만 피우다 환부만 덧난 어지러운 총선, 대선(大選) 때 정가의 풍경이다.

지금은 과학이 극도로 발전하여 있다. 발달한 과학의 만용으로 순리를 역행하는 일을 인간 스스로 저지르면서 살고 있다.

인간 수명(壽命)은 백년도 안 되는데 그 욕심은 끝을 모른다. 지구 곳곳에서는 무엇을 위한, 누구를 위한 전쟁으로 살생은 계속 이어지면서 끝이 없는 것도 인간의 욕심에서 비롯된 것이 아니겠는가.

식물이나 동물에 있어 무수히 행해지는 유전자 조작 그것들은 과학이 이룬 대과라 대단히 기뻐하고 있는 것 역시 순리를 벗어난 인간의 욕심인 것이다.

더 많이 갖기 위해서고 그것들을 누리기 위해서 행해지는 것들로 그 끝이 어딘지를 모르며 그 성급함은 멈출 줄 모르고 달려가고 있다.

사람은 자신들이 살아가는데 필요한 적당한 양만을 취하지를 못하는 과욕으로 뭉쳐 있어 위험한 괴물들이다.

옛날은 그 고장마다의 물에 의해 사람의 났다고 했다. 선하고 악하고 크고 작은 인물이 나왔다 했다. 물의 중요성을 일컬었다.

그러한 것으로 본다면 지역 간 차별은 있어야하는데 전 국토가 일일권답게 먹는 물까지 곳곳으로 날라다준다. 뿐만이 아니다. 의당 있어야할 나라와 나라간의 차별마저 없어지는 것이 발전이라 말한다. 이것이 세계화를 가져온 것이 되고, 같은 유의 먹을거리가 그렇고, 생활이기들을 공유하고 있음이 그러하다.

우주여행을 꿈꾸는 현대에서 윤리(倫理)와 도덕(道德)이 걸레처럼 팽개쳐졌고, 이치가 어쩌고 도리가 어떻고 하는 말은 공염불이 되면서 생활방식이나 질병까지도 세계화가 되고 있는 지금이다.

사회곳곳에서 비리는 우후죽순처럼 솟고, 자신의 삶의 목적은 이익을 취하는데 전부인 양 생을 걸고 허우적대고 있다.

어려서부터 사람으로써의 바탕을 다듬는 윤리와 도덕을 중요시하지 않는 사회가 된 지 오래고 그래서 마음만 먹으면 못할 것이 없다고 생각한다. 자신의 목숨이건 남의 목숨이건 죽고 사는 것을 예삿일로 겪는다. 남엣 것을 뺏으려고 살인을 하고, 나를 싫다한다고 죽이고 불 지르고, 자살은 또 얼마나 많은가. 어떤 이유에서든 자신 살기 싫어 죽음을 택하는 것 어쩌겠는가! 누구와 상담이라도 했으면 도움을 받을 수도 있었을 것을. 뿐만이 아니다 일면식도 없는 자가 휘두른 흉기에 목숨을 잃고 부상을 당하는 사건도 빈번하니 세상이 그러한 것들만이 전부인 듯한, TV가 뉴스를 쏟아내는 소식은 사회 전체가 혼탁한 것으로 인식시키기에 충분하다.

그 일들을 우리네 생활구조에서부터 비추어 생각해 보지 않을 수 없다. 가해자들의 성격이 온전하지 못해서라면, 성격파탄을 가져온 원인이 먹을거리도 주거생활에 의한 원인이 되었을 것이다.

또 하나는 우리의 생활에 있어서 음양의 조화가 깨져 양(陽)으로 치우쳐져 있어서다. 양의 성격은 앞으로 나아가고, 위로 솟구치기만 하는 기(氣)다. 자신을 억누르거나 물러설 줄을 모르는 자신을 통제할 능력결핍인 그들로 해서 세상은 날로 험해져 간다.

또 하나를 더하면, 중고교교육에도 인성 도덕교육이 부재인 것과 핵가족으로 조부모의 부재다. 어른이 없는 가정 절제(節制), 제재(制裁), 통제(統制)가 안 된, 너무 자유롭기만 한데서 온 심리적으로 공황상태에 이르게 한 것이다. 정신과적 치료를 필요로 하는 자들을 무방비 상태로 방치하여서다. 정상적인 사고를 가진 자가 이상하게 보이는 사회에 산다.

인간이 살아가는 목적을 물질에 묶어 놓고 목을 매달고 죽기 살기로 아수라장이 된 사회다.

이는 자연의 법칙을 존중하고 자연의 순리를 따라야 하는 도덕과 인간성 교훈을 깨닫지 못한데 있다.

옛 선비나 학자들은 자연의 이치를 깨닫고 진리를 실천하고 철저하게 자기정화(自己淨化)에 힘쓰기에 한량없이 맑고 깨끗했다. 그 깨끗한 영혼을 후진양성에 학문(學文)뿐 만이 아니라 영혼까지 전수하려 애쓴 흔적을 오늘에도 느낄 수 있다.

2.

운 좋은 날

환경의 영향

장마동안 자란 잡초가 집 둘레를 확실하게 장악을 했다.

아파트생활과는 달리 여름철에는 사람의 손길을 더욱 필요로 하는 곳이 시골이다. 매일 아침저녁 두 차례씩 풀을 뽑는 일이 여름철에는 일상생활이다. 하루하루를 되풀이 되는 생활이다.

오늘 아침나절은 이쪽으로 이만큼을 뽑고, 저녁나절은 여기쯤, 내일은 저쪽을 얼마만큼 뽑고 돌아보면 앞서 뽑은 곳이 또 뽑아야할 정도로 매일 잡풀을 뽑는 일을 반복한다. 장마철이 되면 감당할 수 없어 그나마도 손을 놓아버리면 잡초는 기세등등해져 나는 두 손을 든다. 장마가 끝나면 언제 풀을 뽑은 적이나 있었더냐 싶을 만큼 우거진 잡초에 모두 묻혀버릴 지경에 이르는 게 시골집이다. 도농지역인 이곳에서 흙을 만지기를 즐기는 나는 여름철에 잡초와 씨름을 하며 땀을 빼는 그 일이 때로는 힘겹기도 하면서도 즐긴다.

그러한 환경인데 집을 비워놓고 긴 여행을 할 수 없다. 사람손길이 닿지 않은 그 풀밭에 들어서기가 두렵고 무섭다. 뱀도 있다. 풀밭에 성큼 들어섰다. 목이 긴 고무장화를 신고 장갑 낀 한손에는 낫을 들었다. 키 큰 잡초들을 휘어잡고 밑동을 힘줘 낚아챘다. 만일 뱀이 내게 덤비면 이 낫으로 재빨리 찍으리라는 마음을 단단히 먹고 마치 전투태세가 되어 그렇게 점령군처럼 한발 한발 발을 들이밀며 들어갔다.

차츰차츰 드러나는 모습에는 목단꽃나무, 블루베리, 초크베리 그 너머 고추, 부추 밭, 그렇게 제거된 풀들이 몇 짐은 될까, 키를 마냥 키웠으니 들어내는 양도 많아 힘이 달린다.

하루에 끝내지 못 할 만큼 일이 많다. 농사일로 단련이 안 된 내 능력은 한 30분 정도 일을 하면 들어와 쉬어야 한다. 잠시 쉬었다 또 나가 낫자루를 들었다 호미를 들었다 한다. 잠깐 들어와 쉬는 동안 전화가 왔다. 추석 무렵이면 여행에서 돌아왔을 듯해 전화했다는 고종사촌이다. 지금 집 뜰의 상황을 말하니 한다는 말이 힘 빼지 말고 그냥 내버려 두란다. 딴에는 와서 거들어 줄 만큼 가까운 곳에 살지도 않으니 고생스러운 일을 말려보겠다는 마음에서 한 말이지만 그것은 아니다. 내버려두려면 내 이곳을 떠나 살아야할 것이다.

나는 고생스러운 이 일을 왜 즐길까. 서울을 떠나 텃밭이 있는 집에 산 지도 햇수로 25년이 가까워지는 데도 여전히 서툴기만 한 것을 스스로 안다. 하지만 내 자신은 서툰 것에 개의치 않는다. 꼭 잡초를 제거해야 할 곳만 겨우 뽑아내니 돌아서서 봐도 더 뽑아 내야하고 잔손길이 필요한 것이 보인다. 오늘 못다 하면 또 내일하면 된다. 나는 이런 것으로 노닐며 한다. 쉽지는 않으나 놀이처럼 생각하며 수확이 많으면 많은 대로 적으면 적은 대로 즐기며 심고 물주고 풀매주며 이것들과 시선을 맞대는 것만으로 삶에 위안을 얻는다.

꽂아 놓은 고춧대에 줄을 매서 늘어진 고추 가지들을 걷어 세워 묶어 놓으니 그래도 풋고추는 먹을 만큼은 달려 있어 고마운 생각까지 든다. 가꾸어 줄 주인 손길을 기다리기라도 한 듯하다. 금년 고추 농사는 접었지만 풋고추를 먹을 정도 몇 포기를 심었는데 풀숲에서 이 정도 버텨준 것이 반갑다.

고추두럭 옆으로 부추가 풀인지 분별이 안 된다. 꽃대가 올라와 꽃이 피고 진 후라 낫으로 베 버리고 잔풀과 풀뿌리를 호미질로 제거하며 영락없는 풀밭이었던 것이 부추 밭으로 보인다. 장갑 낀 손가락을 갈퀴처럼 세워 흙을 쓸어 풀뿌리를 글어내니 그래 이 정도는 돼야 부추가 제대로 자랄 수 있겠다. 야채채소 만이 환경이 중요한 것이 아니다. 환경은 사람에게도 중요하다. 특히 성장기에 있는 어린 아이라면 환경에 따라 안정과 불안상태에 따라 거칠고 억세기도 하고 유순한 것까지 환경의 영향일 것이다.

추석을 지난 아침저녁은 제법 썰렁하지만 한낮 햇볕이 뜨겁다. 불볕인 가을볕에 오곡은 영글게 된다. 간간이 불어오는 선들선들한 바람에 가을이 영글어가는 소리로 느껴지는 계절이다.

사람 사는 짓거리란

사람 사는 짓거리를 흉내 내보려니 참 힘들다.

아는 것하고 생활로 몸에 길들여진 것하고는 달라 안 하던 일을 왜 했을까 싶다.

메주 여섯 덩이 대략 7kg정도 될 것이다. 그래도 끓어 넘치지도 태우지도 않고 약간 갈색이 나게 잘 삶아졌다.

세 번에 걸쳐서 삶으면서 매번 세 시간이 넘도록 꼬박 서서 불조절하며 정성들여 삶은 메주콩 누가 시켜서도 아니다. 그냥 지난 생활들을 끌어와 해봤다. 요즘 생활이, 산다는 게 별 재미도 없어 옛 추억을 더듬어 봤다 할까.

그때 어린 그 사절엔 먹을 게 흔치않으니 메주콩 삶는 날은 삶은 콩 한 보시기 안고 달작지근한 맛을 즐기며 즐거워했었던 그 맛도 아니고 오늘은 신나지도 즐겁지도 않고 '아이고 어깨야 허리야.' 소리가 절로 나온다.

지난 세월 돌아보며 오늘을 산다

'산다는 것은 누구는 축복이기도 하고 누구는 치욕적이다'고 말하지만 또는 의무이기도 하고 책임이기도 하다.

하지만 어떤 생명이든 살아 있다는 것 자체만으로 의미가 있는 것이다. 삼라만상이 다 그와 같다. 사람은 자연으로부터 많은 것을 얻으니 어느 것 하나 정을 느끼지 않는 것이 없다. 수채화 물감이 종이에 두드러지지는 않게 번지듯 정이란 그러하다. 겹겹이 더께가 앉아 무게를 가늠할 수 없는 정, 가슴에 깊숙이 간직된 것이 날줄과 씨줄이 되어 맺어진 정, 정이란 형태가 정해지지 않았다.

각기 다른 인생들이 웃고 울며 한바탕 펼쳐놓은 마당놀이인 것이다. 생김새만큼이나 다양한 세상살이에 가진 것이 많으면 많은 대로, 없으면 없는 대로 천차만별이다. '천석꾼은 천 가지 걱정이고 만석꾼은 만 가지 걱정이다'는 옛말이 지금이라고 다르지 않다. 생활하는데 편의를 위해 있어야할 물질은 기계를 움직이는데 필요한 윤활유인 것처럼 사람이라고 다르지 않다.

쉴 새 없이 밀려드는 파도에 이리저리 떠밀리고 뒹굴면서도 끈질기게 이겨내야 하는 것이 인생살이다. 사람 사는 방법이 천차만별이니 차별과 분란과 화합을 아우르는 삶이 사람이 사는 질서요 모습이다.

책임질 식솔들 때문에 애초에 소박한 꿈과 희망이 욕심이 되고 더 나아가 과욕을 부리면서 분수 넘치는 높은 담장을 넘보게 된다. 욕망과 경쟁이 있어 인간이 발전하겠지만 경쟁이란 늘 아름다운 발전만 있지 않다. 정이 찢기는 슬픔도 겪으며 악의에 강탈당하고 사기협잡에 분노하면서 산다.

전체 인구에 10%의 극선질(極善質)과 10%의 극악질(極惡質)이라하는데, 선량의 행위는 몸에 맞는 의복과 같아 당연하고 자연스러운 일이지만 극악질의 위협적인 횡포는 생리적인 거부반응을 일으키게 하는 것이다. 그래서 극악에 위축되고 경계하며 불신과 실망에서 세상이 다 그렇다고 한탄하지만 나머지 80%의 보통 사람들은 자신의 일에만 충실하면서 바르게 살아간다. 그 80%의 그들로 하여 이만큼이나마 살만한 세상인 것이다.

먹고 사는 일이 가장 중요했던 무지하고 가난했던 시절에도 오늘처럼 이렇게 끔찍한 일은 없었다. 용서하지 못함은 부모 죽인 원수냐고 했는데, 무엇이 잘못 됐기에 그렇게 미쳤는지

모를 정신병자가 너무 많다.

일제치하에서 어려웠던 일까지 들먹일 것 없이 불과 반세기 전까지만 해도 가난하게 살았다. 보통사람들은 부모는 자식을 위해 살고 자식은 부모를 위해 살았다. 많이 힘들고 어려운 일을 겪으며 살았지만 생명을 함부로 다루지는 않았다. 더욱이나 세상에 무엇과도 비교할 수 없는 혈육은 더욱 그렇다.

너무 급변한 오늘과 비교하면 먼 옛날이야기가 되지만 6·25전쟁까지 겪으면서 가난으로 굶주린 아이들이 깨진 유리조각 같은 폐품, 폐지를 주워 팔아서 먹을 것을 구하는데 보탬을 했던 때도 인정으로 서로를 끌어안고 살았다.

당시는 형편이 가난한 가정에서는 자식들을 국민(초등)학교 입학금, 월사금을 못 보내 초등교육조차 받지 못했다.

극한 생활고에 놓인 고학생들은 학비에 보태려고, 또는 배가 고파서 매혈을 하기도 했다. 몇 끼니 굶었는데 피를 뽑아 팔고 나오다 빈혈로 쓰러졌다고도 했던 가난….

그때는 중학교도 입학시험 있던 시절로 고학을 하는 대학생들이 입주가정교사로 들어가 숙식을 해결하면서 가르친 초등, 중학학생이 상급학교에 합격을 하면 보너스로 대학등록금을 대주기도 했다. 그 시절에는 그렇게라도 자신만을 위해 공부할 수 있는 형편만 됐어도 다행이었다.

부모가 생활 능력이 없으면 가족들의 생계를 돕기 위해 공부를 못하기도 했지만 희생이라 생각하지 않은 당연한 도리라 여겼지 부모나 가난을 원망하고 탓을 하지 않았다. 그런 것이 가족이기 때문이다.

한 가정의 자녀 중 한 명 정도는 공부를 할 수 있게 온 가족이 합심해 도왔다. 형이 기회를 놓쳤으면 동생을 위해 형이 가계를 도왔다. 여러 형제 중에 하나만이라도 공부를 하도록 형제들의 우애는 무릎 맞대고 앉아 정으로 살면서 네 것 내 것이 없었다. 희망은 형제 중 한 사람의 성공이 집안의 성공이며 가문의 영광으로 여겼다. 조부모가 함께 생활해 삼대가 정은 보통 7~8명의 식구다. 엄마 아빠는 품 팔고 좀 큰 아이는 공장에라도 가야했고, 심부름만 할 나이면 입 하나 덜겠다고 남의 집에 보냈다. 그리고 서넛이 일을 해야 예닐곱 식구 겨우 끼니를 이을 수 있을 정도였으니까.

그렇게 가난한 시절이었지만 선생님은 최고의 존경대상이었다. 부모나 부모연배의 어른에 공손하여 좀 억울한 면이 있어도 어른이기에, 또는 연장자여서 주먹질로 맞대응을 않고 참을 줄 알았다.

부모나 선생님의 꾸중을 듣고는 하는 말이 "욕을 먹었다"고 말하는 요즘의 아이들, 나무람과 욕을 구분을 못하니 어쩔꼬. 극히 일부이기는 하지만 입에 올리기조차 부끄러운 사건 보도를 보면 서글퍼진다.

삶이 일렁이는 그곳에

각기 다른 삶을 살아가면서 이 시간 봇물이 쏟아져 흐르는 물줄기를 이루는 인파에 휩쓸린다. 하루를 열어가는 활기 넘치는 그들의 삶에서 진실이 일렁인다.

변화 없는 생활에 무료함을 느낄 때는 막힌 공간인 영화관이나 백화점보다 시장거리를 나는 즐겨 찾는다. 상인들마다 각기 다른 물건은 인간생활에 필요한 것으로 누구에게 쓰임새가 있어 선택받아 소유하게 된다. 또는 그런 것과는 달리 유행에 따르지 않고 비싸지 않아 부담되지 않는 물건을 사기도 하면서 군중 속에서 밀리고 부딪치다 보면 무리 속에 나도 함께 있다는 것으로도 조금은 기분전환이 된다.

무엇이 필요해 구입하려고 작정하고 나오지는 않았다. 그냥 인파에 부대끼고 휩쓸려 보고 싶었다. 그래서 느릿한 걸음에 발길이 주춤하면 그 순간을 노치지 않고 상인이 붙든다. 눈길이

가고 발걸음이 주춤할 때는 조금은 관심이 있어서다. 필요해서라기보다 생소한 것에도 눈길이 간다. 눈치 빠른 상인은 상술을 발휘한다. 그래도 안 사고 돌아서려면 용기가 필요하다.

그렇다가도 더러는 계획하지 않은 일을 저지른다. 비싼 값이 아니라는 것에 부담을 느끼지 않은 탓도 있지만 상인의 상술에 자의반 타의반 그만 지갑을 연다. 사들고 와서는 사용을 않고 어느 구석에 들어갔는지도 모르다가 어느 때 뜬금없이 눈에 뜨이면 아! 언제 샀던가? 했던 일이 한두 번이 아니었는데 오늘도 이 가게 저 가게 기웃댄다.

물건을 사고파는 그들의 표정을 읽으면서, 또는 지나가는 사람들의 표정들까지 흘깃 훔쳐보면 모두 치열한 삶을 살고 있다고 느낀다. 그렇다 열심히 사는 사람 모습이 저런 것이구나.

어느 사람은 그날 손해 본 일이라도 있을 것이고, 누구는 뜻 하지 않은 횡재를 했거나 다급한 일도 있을 것이고 고달파서 그럴까 인상을 잔득 찌푸린 사람도 있다. 또는 히죽 히죽 웃는 사람, 무어라 중얼거리는 듯한 입모양, 화가 난 듯 상기된 표정으로 걸음걸이가 급하기도 하다. 그 많은 사람들은 저마다의 색깔을 지니고 있다. 서로 다른 삶을 살아가며 발산되는 빛은 수많은 갈래로 얽히고설켜 맺고 풀어가는 지극히 자연현상일 것이다.

더욱이 노점상에 펼쳐놓고 파는 상인은 물건을 파는 것이 목적이다. 누구라도 붙들고 꼭 팔아야하겠다는 절박함까지 느낀다. 세금도 내고 가족부양을 위한 부모에 자식 학비에….

돈을 벌어야하는 이유가 비록 그뿐인가, 손가락으로 꼽으면 열 손가락이 부족하다 그래서 더욱 적극적인 것에 비하면 물건을 살 사람은 여유롭다. 이 물건이 지금 꼭 필요한 것이 아닌데 상인의 열성에 끌리고 호기심에 들여다본 것뿐이다. 사도 그만 안사도 그만이고 돌아서면 또 다른 가게에 더 마음에 들 물건이 있을지 몰라 좀 삐딱하게 서서 물건을 들었다 놓으며 뒤적인다.

전자계산기로 물건 값의 몇 십 원 끝전까지 받는 백화점이나 대형슈퍼마켓은 야박하다는 생각 때문에 그래도 정한 값에서 조금이라도 깎아주기도 하는 흥정이 있어 인간적인 정을 느끼게 하여 재래시장을 찾는다.

야채류를 제외하면 재래시장 중에도 남대문시장뿐만 아니라 평화시장은 종합적으로 없는 것 말고는 다 있다.

의류도 잘만 고르면 백화점의 기획 상품보다 훨씬 우수한 것을 살 수도 있는 곳이다.

정말 보석이 아닌가. 착각할 만큼 빛나는 모조품의 액세서리 전문 가게들이 몰려 있는 그곳을 들러보는 재미가 또 별다르다.

그렇게 돌아다니다 보니 한 두세 시간은 퍼뜩 지났다. 다리가 빽적지근하고 어디 앉아 쉬고 싶다. 그리고 속도 출출한데 어디 먹을 만한 것이 없을까. 잘 들르던 명동교자 칼국수 집까지는 많은 시간을 걸은 뒤라 좀 멀게 느껴진다. 이 근처에 어디가 괜찮을까. 남대문시장 근방 식당들은 어떤지 모르겠다. 그냥 쉴 겸해 김밥과 국수도 파는 순대집으로 들어가 앉았다. 순대를 먹을까. 김밥을 먹을까, 그냥 멸치국물에 김치만 넣어 주는 잔치국수를 먹을까. 건너편 진열대 안에서 손으로 두들겨 뽑는 국수로 '옛날 자장'이라 큰 글씨로 써놓은 가게가 있다. 그리로 갈 걸 그랬나 싶기도 하다.

식당에 들어와 앉아 생각하니 혼자보다는 친구와 함께 왔더라면 하는 생각도 든다. 물건을 고를 때 이건 어때, 저것은 어떠하냐고 의견을 주고받으며 좀 더 재미있는 시장나들이 걸음이 될 수 있었지 않을까. 같이 동행하자 하면 함께할 친구가 없는 것은 아니다. 하지만 오늘은 혼자이고 싶었다.

성숙이 빠른 아이들

아직도 나는 옛 생각을 버리지 못한다. 버리지 못하는 것이 아니라 드문드문 잠재된 기억들이다. 좋은 것을 겪거나 잘못된 것을 보거나 할 때 더욱 그렇다.

좁은 방에 큰 이불 속에서 여러 형제의 발이 뒤엉키듯 서로의 다리가 포개져 놀고 자고 했다. 어느 형제가 밖에서 맞거나 따돌림을 당하지 않는 자신감이 자라는 순간들이다.

학교에서도 위 학년에 형이 있고, 아래학년에 아우가 있다. 쉬는 시간이면 무의식적으로 시선은 혈육을 찾는다. 그래서 아우가 맞거나 놀림을 당하면 바로 옆을 지켜주는 것만으로 해결된다. 그리고 학교에서는 선생님을 따르고 좋아하면서도 어려워했다. 되도록 선생님의 꾸중을 듣거나 벌을 받는 일은 저지르지 않으려 했고 만약 꾸중을 듣거나 벌을 받아도 당연하게 여겨 다음에는 꾸중 듣지 않으려 조심하고 설혹 체벌을 받아도 당연하게 여겼다. 내 동생이나 친구의 동생을 할 것 없이 잘못은 타이르고 눈물 닦아주며 때로는 편들어주면서 그렇게 어린 시절 어울려 지냈다.

지금은 많이 달라진 세상 탓에 내 것만 있다. 어려서부터 남을 배려하는 마음이 없다. 생활 자체가 그렇게 돼서 그럴 것이다. 독자로 부모의 사랑 관심은 독차지하며 자란다.

엄마 품에서 아직 벗어날 때가 아닌 겨우 13살짜리가 자살이라니 아직도 응석부릴 그 아이가 너무 일찍 성숙해서일까. 자살이라 보도에 놀라지 않을 수 없다. 스스로 죽음을 택할 만큼 힘들고 괴로워했다면 그것은 어른들의 책임이다. 어린것이 어떤 생각을 하는지 부모나 가족 누구도 몰랐다니 생각하면 할수록 기가 막히고 너무 가슴 아픈 일이다.

요즘 부모들의 자식사랑 법은 부족한 것 없이 원하는 것이라면 다 들어주는 것이 사랑이고 책임을 다했다 여긴다. 밥상머리교육이란 옛 말이다. 특별한 일이 아니면 밥상머리에서도 대화할 시간이 없다. 서로가 시간에 쫓겨서다. 보통은 밥상머리에 마주하고 기색을 살펴봐야 하고 아이 방에도 자주 들러 관심 있게 세심하게 살폈으면 신체적, 심리적으로 어디가 달라도 다른 것을 느낄 수 있는 있는 아이들이다.

어려서부터 독립된 방에서 혼자 자지 않고 적어도 초등학교 저학년까지만이라도 할머니 팔을 베고 자며 자랐더라면 혼자가 아니다고, 내게는 할머니 어머니가 옆에 있다고 느껴서 밖에서 있었던 일을 미주알고주알 일러주게 된다. 누가 내 것을 '뺏는'다. 나를 '때린'다. 나와 안 놀아준다든지 하며 자신을 응원해줄 응원을 바란다. 그게 할머니고 엄마여야 하고 가족이라야 한다. 그런 가정 분위기가 아이들 성장에 있어 값비싼 장난감을 안겨주는 것보다 중요할 것이다.

요즘은 모든 가정이 형제가 없이 외동아들 외동딸이다. 그야말로 금지옥엽이다. 쥐면 꺼질세라 놓으면 나을 세라다. 그리고 부모는 어떤 어려움을 겪으면서도 자식을 위하는 일은 필사적이다 할 만큼 돈으로 해결하려 한다.

자식이 필요한 것 다 해줬으니 부모는 부모대로 자식에게 요구하는 것도 많다. 다른 이이들보다 무엇이든 월등 하길 바라는 마음에 놀 새도 없이 방과 후엔 사교육으로 뺑뺑이를 돌린다. 부모 자신도 자녀도 경제적인 능력이 권위라 여기는 듯하다. 능력이란 당당하고 자신감을 갖게 하는 힘이다. 그래서 어깨에 목소리에서 힘을 느낀다.

세상이 이렇게 험악해서야

예전에는 그랬다. '제가 어쩔 건데, 설마 죽이기야 하겠어…. 정말 저걸 어쩌지…. 죽일 수도 없고….' 그렇게 말한 설마는 이제 없다. 사람이 사람을 죽이는 일이 빈번하게 발생한다.

부모를, 부모가 자식을, 형제를, 혈육지간에 살인을 하는 일이 있다니 기가 막힌다. 그뿐이 아니다. 일면식도 없는 사람에게 흉기를 휘둘러 여럿을 살상을 입힌다. 어떻게 이런 일이 그것도 빈번하게 일어난다.

잘 알지도 못한 사람의 지나친 친절도 경계심을 갖게 되고, 누구의 싸움에 함부로 말리는 일도 조심스럽고, 청소년들의 어긋난 행동을 충고나 나무라기도 겁나는 세상이다.

살생, 생명을 죽이는 일이란 보통사람들이 하지 못하는 일이다. 그래서 백정을 사람취급을 하지 않았던 시대가 있었다.

그런 살인이 원한이 있어서나도 아니고. 어쩌다 잘못해 저질러진 실수도 아니다.

참을성 없는. 자기 자신을 통제할 능력이 없어 그렇기도 하려니와 사람이 사람을 죽이는 일을 자기불만을 해소하려는 수단행동이 된 정신병자가 방치된 듯하다. 하는 생각도 있었지만 요즘은 이익을 추구하려 계획된 살인행위가 늘고 있다.

무슨 철천지원수도 아니고 생전에 일면식도 없는 자의 행동으로 변을 당해 목숨을 잃은 가족은 삶에서 가장 큰 아픔과 슬픔을 겪게 한다.

이제는 사람이 살해를 당해죽었다는 보도를 하도 많이 접하고 보니 관계없는 사람의 일에는 놀라지도 않는다. 교통사고쯤은 예삿일이 된 지 오래다. 전생에 지은 무슨 죄를 들이대고 전생에 업보라고 하자. 옛 말로는 남에게 못할 짓을 하면 큰 죄를 받는다고 한다. 그런데 길을 가다 날벼락 같고, 천벌같은 너무 뜻밖에 횡액을 당해 목숨을 잃었다. 이런 것을 두고도 천벌이고 날벼락이란 말인가.

나는 바르게 잘하고 있는데 횡액을 당하는 일이 가지가지다. 내가 아닌 옆 자동차 사고로 또는 정신병자의 방화로. 그 이유가 열손가락으로 꼽기에 모자란다.

그 횡액이 내가 전생에 지은 죗값인가, 선대의 누구의 죗값을 내가 대신 받은 것인가. 아니면 사주팔자가 그렇다는 것인가.

내 팔자가 아니면 부모형제 팔자에 자식이나 형제에게 횡액이 있을 사주였을까. 그래 그런 것까지는 팔자소관이라 치자. 하지만 조부모를 살해하고, "어머니" 그 이름만 불러 보는 것만으로도 그저 가슴이 저려오는 그 어머니를 죽인 자식은 어떤 악연에서 맺어져 태어난 전생에 원수였다고 생각해야 하는 것인가.

불교에서 인연을 말함에 있어 얼마나 소중한가를 느끼게 한다. 부모나 스승으로 모시게 되는 인연을 두고 1만겁에 해당한다 했다. '1만겁'이란 1000년에 한 방울씩 떨어지는 낙숫물이 집채만 한 바위를 뚫어내는 시간이고, 또는 사방 40리 철성에 겨자씨를 가득 채우고 백년에 한 알씩 꺼내 다 없어지는 시간이다 하는가 하면 백년에 한 번씩 내려오는 선녀의 옷자락이 사방 40리의 바위를 닳아 없애는 시간이 1겁(劫)이라 한다.

이렇게 상상하가도 아득한 시간을 거쳐 만나게 된 인연들을 어찌 소중하지 않을까. 그런 것까지 사실이라고 인정하지 않는다 하자. 인정할 수도 없고 믿어지지 않는다. 하지만 서로 간의 만남은 특별한 인연으로 맺어진 것일 게 분명하다.

인연이란 아름다운 것만이 아니다. 악연도 우연이나 필연까지도 피할 수 없는 인연이다.

옛날은 고장마다 물맛도 달랐다

맛을 달리하고 있었다. 그곳은 물이 좋다, 나쁘다. 무엇을 말 한 것일까. 물에 의해 사람의 성품이 난다고 했다.

어느 마을에는 학자가 많이 나고, 어느 마을에서는 충신효자가 많이 나고, 어질고 악한 것이라든지 큰 인물이 나온다 했을 만큼 물의 중요성을 일컬었다.

그러나 의당 있어야할 그 고장만의 물맛을 잃게 되었고, 지역 간의 격차라든지 나라와 나라간의 흐름을 같이 하고 있다. 그런 것이 발전이라 한다. 신속하고 빈번한 왕래며, 동일한 먹을거리에서 생활이기들을 공유함이 세계화를 이룬 것이고 발전이라 한다.

아무리 세상이 바꾸었다고 해도 양심은 팔지 않아야 할 것이다. 물질에 굴복을 당하지 않는 이들로 윤리(倫理)와 도덕(道

德)을 짓밟지 않는 것이 양반이고 귀격인 것이다. 귀격인 사람은 이치(理致)를 알고, 사람의 도리(道理)를 다하는 이들이다. 사회가 아무리 혼탁해도 그것에 물들지 않을 것이다.

운 좋은 날

젊은이에게 한마디 하고도 나 지금 멀쩡한 날이었다. 대형 마켓에 들렀다 나오니, 뒤에 다른 차가 막고 있다. 사이드 브레이크를 당겨놔 밀어낼 수도 없이 꼼짝도 못하겠다. 이 일은 어느 곳에서나 흔히 겪는 일이다.

운전석 앞에 아주 작고 예쁜 쿠션에 수놓아진 핸드폰 번호를 확인하고 연락을 했는데도 차주는 안 온다. 아무리 살펴봐도 다른 연락처를 적어둔 것을 찾지 못하여 주차관리자에게 방송해줄 것을 부탁했고, 시간이 한참이나 흘러도 차주는 종무소식이다. 몇 번을 관리실엘 왔다 갔다 하며 애를 태우는데, 자기 볼일을 다 본 후에야 느긋하게 나타난 그 젊은이, 자기 차로해서 나가지 못하여 추위에 서성이며 바쁜 시간을 허송한 한마디 불평에, 이 젊은이 한마디로 싸가지다.

"그래서요? 왔잖아요?" 시비를 하려면 해보라는 식으로 턱을 쳐들고 내려 보는 시선은 그 늙수그레한 시골풍의 부인네를 사뭇 무시하는 태도다. 나는 가만히 있을 수 없었다.

평소의 내 목소리보다 한 옥타브 높여서 "어른한테, 무슨 태도가 그래, 그냥 '미안하다.' 한마디면 그만인 것을…." 뜻밖이어서일까, 깜짝이야 싶어 그는 나를 쳐다본다.

그의 시선을 똑바로 마주 받아주니, 삐딱하게 눌러쓴 모자의 챙 깊숙한 눈빛에 그는 더 이상 시비할 의사가 아님을 나타내며 차를 비켜 낸다. 이쯤해서 더는 시비가 이어지지 않은 것을 다행으로 여기며 그곳을 나왔다.

요즘은 젊은 그들한테 잘못하면 봉변을 당하는 일 허다한 험한 세상이다. 요즘은 집에서나 밖에서나 젊은이들의 잘못된 행동을 나무라는 어른이 어디에도 없다. 가정마다 어려서는 어리다고 위하고, 학습에, 입시에 전력을 모아주느라 아이들을 중심으로 하는 생활이다 보니 어른이 실종된 현실이다. 나이 든 것이 무슨 위세냐고 바라보는 태도는 세태만 탓을 해야 하는 것인지 싶다.

그 자리에서 '어른한테'라는 말을 하고 보니, 나는 또 수구꼴통 같다는 소리를 들어도 싸다싶다. 하지만 "젊은이들아, 어른 대접을 안 해도 좋으니 나이 든 사람을 무시하지 말거라. 우리도 너희 나이만 한 시절이 있었느니라. 너희들이라고 젊음이 언제까지는 아니란다. 젊음이 얼마나 짧은가는 지나고 봐야 깨닫게 하는 것이란다."

젊은이들을 나무랐다가 입에 담기도 끔직한 일을 당하는 험한 세상에 이렇게 무사한 오늘이 운수 좋은 날인가 싶다.

불쾌했던 기분이 조금은 안정되지 못한 것은 운전대에서 그대로 나타나고 있다. 내리막에 커브 길이면서 터널, 이곳은 절대 서행을 해야 하는 길이다. 80㎞의 가속이 위험이었을까. 갑자기 터널 벽을 향해 차체가 돌아서 미끄러지듯 다가간다. 위기의 일발!!! '어어' 할 사이도 없다. 핸들을 반대로…. 이번엔 옆 차선 침범…. 옆 차선에 달려오는 차를 피하려 급히 핸들을 바로 잡아야 했던 순간의 놀란 가슴을 쓸어 안고…. 오! 神이여!! 감사합니다. 오늘은 이래저래 운수 좋은 날이다.

울고 싶을 땐 울어야

공연히 울컥해지는 마음이 되는 날이 있다. 누가 무어라 하지도 않았는데 이런 저런 생각으로 마음이 꼬인다. 아무리 마음을 넓게 먹으려 해도 서운한 마음이 떨쳐지지를 않는다. 내 마음을 다 비우며 살겠다고 했는데, 마음 한 구석에 욕심의 찌꺼기가 남았나 보다.

서운했다는 것은 아직 자신도 모르게 바라고 기대하는 마음이라서 그렇다. 내가 '너에게 이만큼 해줬는데' 그런 것이 한 두 번이 아닌 거듭 되풀이였는데 그랬으면 무언가는 좀은 돌아올 것이라는 기대가 무너졌을 때 서운하고 야속한 마음이 든다. 그리고는 그 서운한 마음이 쌓이면 서러워진다. 내가 열을 주었으면 최소한 셋은 올 것이란 믿음을 품고 있어서일 것이다.

누구에게 마음을 주고 정도 주었으며 정성도 쏟았는데 그래도 조금이라도 바라는 마음이 있어서 서운해지는 것은 마음을 비우지 못한 작은 바람인 욕심이 자리하고 있어서다.

그냥 베푸는 마음은 그것이 모성애적이고 동기애였다 하더라도 서운함이 가슴을 적신다. 서운함이 오래 머무는 것은 남이 아니기에 더욱 그러한가 보다.

남남끼리라면 어느 한쪽이 싫다고 돌아서면 관계가 쉽게 끝날 수도 있다. 아직도 마음을 비우지 못해서 드는 서운함이 그들에게 자신이 무시당했다고 느끼게도 하고 그런 감정이 담긴 가슴은 서러움이 출렁대는 하루다.

그네의 전화를 받으니 내 마음 밑바닥에 서운함이 깔렸던 것이 채 삭여지지 않은 마음이다. 서로 왕래가 없었으면 그럴 수 있겠지, 그리 대단하다고 일부러 알려줄 필요야 없겠지만, 그런 말을 주고받을 만큼 물론 내 존재가 그들에게는 이웃집 강아지만큼도 안 되었나.

아니면 내가 안다고 무슨 낭패라도 있어서인가. 지네들 집을 드나들며 빌어먹는 객일지라도 그렇게는 못하겠다. 성의를 진실로 받아들였다면 그렇진 못할 것이다.

요즘 세상에 아무리 제 것 갖고 제 맘대로 사는 세상이고, 누구의 간섭을 안 받고 사는 세상이라지만 그래도 그런 것은 아닌 것이다.

정이란 무엇인가, 더러운 것이 정이라 했던가. 개도 안 물어갈 정이라 했다. 너무 말을 안 해서 어떤 마음을 품었는지를 모르면 어찌 정이라는 것을 느낄 수 있을까. 상대가 서운한 마음 가질 것이란 생각을 못 했다면 그것은 무시한 때문인 것이라고 생각한다. 의무까지는 아니라 해도 도리라는 것은 있다. 상대를 배려하는 마음이 조금이라도 있었으면 혹여 헛걸음할까 하여 알려 주는 것이 좋았을 것이다.

거기다 바쁜 일 없으면 들러서 살펴 달라 했다면, 내 그들로부터 인정받고 있음이라고 착각인 것도 모르고 많이 기뻐했을 것이다. 알려줄 일을 알리지 않음은 그들에게 무시된 존재이고, 무시해도 되는 그런 위치에 있다고 알면 됐지 서운함은 뭣이고 어떤 설명이 필요할까 싶다. 서로간의 소원한 관계가 되는 것이 큰 이유가 아닌 아주 작은 일로 해서 그렇게 되는 것이다.

내가 그들에게 정성을 쏟아 진실과 성의를 다 했는데 보답이 그런 것이라고 생각하니 서글프고 서러움을 느끼게 한다. 진실된 마음을 진실되게 받아들이지 못하고 몇 푼의 대가를 지불하는 것으로 계산을 하려는 것, 마음을 담은 정을 어찌 금전으로 계산될 수 있을까 한다. 돈으로 대가를 지불을 못하면 빚쟁이처럼 부담을 안고 있어야 하는 것일까.

자기네들 능력으로 행함에 있어 누가 뭐라 해, 누가 뭐랄 사람이 있다고. 말 한마디 해주었더라면 이렇게 마음에 골이

지게 하지는 않았을 것이다.

자기네들이 사려 깊지 못함으로 상대의 마음에 상처가 됐으리라고는 그들은 생각도 못 했을까. 그래 너희들이 그런 사람이었구나. 이제라도 깨닫게 해줘 고맙다. 내가 이렇게 틀어져 있는데, 그 말이 나를 가시처럼 아프게 했다.

인도문화와 갠지스 강

인도를 여행하면 빼놓을 수 없는 곳이 바로 바라나시 그리고 그곳에서 수천 년의 역사 동안 유유히 흐르고 있는 갠지스 강이라 한다.

인도여행에서 바라나시를 다녀가지 않으면 인도여행을 했다 할 수 없다고 말한다. 인생이 세상에 존재함과 더불어 죽음을 보면서 생명이란 것은 무엇이고 죽음이란 것은 무엇인지를 생각하게 하는 현장인 것이다.

바라나시는 세계에서 가장 오래되었다는 도시다. 인도인은 갠지스 강을 어머니라 한다. 인도 북부에 자리한 히말라야에서 눈이 녹아 남으로 남으로 돌고 돌아 2.500㎞을, 우리나라의 경부고속도로를 2번 왕복보다 먼 거리를 흘러 '벵갈만'에 이르게 되는데, 갠지스 강이 지나는 곳 중 한 곳이 바라나시라 했다.

시바신의 도시며 힌두인에게 가장 중요한 4대 성지중 하나로써 힌두인들이 일생에 단 한 번이라도 다녀가기를 소망하는 곳이다.

이곳에는 매년 수많은 인도인들의 성지순례가 끊이질 않고 있으며 그 진귀한 광경과 그 명성을 보기 위해 몰려드는 여행객들이 매년 100만 명 이상의 인파가 모이는 곳이다.

힌두인들은 이곳 강가의 가트(계단)에서 그들의 업보를 씻어내기 위해 목욕을 하고 신을 향하여 예식을 드린다. 그리고 죽음에 다다르게 되면 다시 이곳으로 돌아와 힌두의 역사가 시작되면서 한 번도 꺼진 적이 없었다는 그 불에 몸을 올려놓아 불사르고 남은 한줌 재는 강에 뿌려진다.

힌두인들이 강가에 와서 화장을 하고 강가에 뿌려지는 이유는 바라나시가 쉬바신의 삼지창위에 세워졌다 믿으며, 그곳 갠지스 강에서 죽으면 쉬바신의 도움으로 윤회의 고통에서 벗어나 힌두사상의 궁극인 해탈로 갈 수 있다고 믿고 있는 절대 신앙인 것이다.

갠지스 강 서쪽에는 수많은 가트(계단)가 있다. 둑에서 강물로 들어오는데 쉽게 하기 위해 강변에는 길게 계단이 설치돼 있다.

각지에서 모여든 순례자들은 아침 해가 뜰 무렵부터 성스런 강물에 몸을 담그고 영혼을 정화하는 것이라 한다. 그리고는 계단 한편에 앉아 명상하는 모습을 볼 수 있다.

서쪽강변에 길게 설치된 계단은 100개 이상 된다고 한다. 이들 계단 중에는 지방 왕들과 신분계급이 높은 부유층이 소유한 저택과 연결되어 쉽게 강에 들 수가 있다는 것으로 보면 신분에 관계없이 윤회다 해탈이다 하는 믿음에는 같은 것인가 싶다.

이처럼 인도의 문화는 곧 힌두의 문화라고 해도 손색이 없을 것이다.

인도인의 생각과 그들의 삶의 방식 그리고 죽음까지 이어지는 모든 행동은 그들과 함께 역사를 이어온 힌두사상에 의해 이루어졌고 그들이 믿는 힌두의 신들에 의해 결정된 것이니만큼 인도를 이해하는데 있어서 그들의 힌두사상을 이해하는 것이 가장 빠른 방법 중에 하나일 것이다.

이간계급제도가 이미 50년 전에 폐지되었다지만 아직도 버젓이 남아있다. 카스트제도나 그 카스트제도로 인하여 이마에 찍기 시작하게 된 빈디, 소를 먹지 않는 문화 그리고 길거리 고행을 하며 깨달음을 얻고자 수행하는 사두들의 모습과 신들과 함께하며 즐기는 수많은 인도의 축제들과 인도인들의 삶의 모습 속에서도 힌두니즘은 잘 배어 나오고 있다

우리 입장에서야 조선시대까지 양반이나 중인, 상놈이니 천민으로 사회적 제도가 있었고 물론 유럽문화에도 귀족이니 노

예니 하는 사회적 제도가 있었으니 카스트제도라는 인간을 등급으로 나눈 사회적 제도에 대해 큰 반발 없이 자연스레 받아들일 수도 있겠지만 이 카스트제도라는 것이 다른 나라와는 다르게 바라문교라는 종교에서부터 시작되었고 자연스럽게 힌두교로 융화되면서도 고스란히 남아 현재까지도 인도의 고질적이자 그들의 삶 깊숙이 박혀있는 문화가 되고 있다는 것이다.

인도의 종교문화는 신분제도와 다르게 윤회와 업, 그리고 해탈의 사상인데 이 사상들 속에 인도인의 깊숙이 자리 잡고 있는 '숙명론'이다.

지금 현생의 내 삶은 전생의 나의 과업에 의한 신이 내린 절대적인 것으로 받아들여야 하며 현생의 삶에서 최선을 다해 신을 모시는 것이 전생의 업을 씻어내고 다음 생에는 좋은 삶으로 태어날 수 있다는 믿음이다.

온고지신(溫故知新)

절기는 추분을 앞두고 있으니 가을로 접어들어 참 좋은 이 계절, 들판은 황금빛으로 곱게 물들어가고 상그럽게 스치는 바람에 물결을 이루며 알알이 영글어가는 소리가 들리는 듯한 이 가을을 좀 더 가까이서 맞으려고 남쪽으로 달려왔다.

우리 모두는 자기 삶을 더욱 아름답게 채색하기 위한 또 하나의 과정을 위한 문학기행이다.

노력하는 생활일수록 가치를 더한 삶은 명도를 짙게 한 색채는 애써 다듬지 않더라도 품어져 나오는 멋과 아름다움이 돋보일 것이다.

우리가 살아가면서 나 자신은 어떻게 이 땅에 남을까, 삶을 위해 앞으로만 나아가면 되는 듯하지만, 아는 듯 모르는 듯 선조의 맥을 따라 이어가고 있다.

오랜 세월 풍화작용에 의해서 허물어지고 깎이며 찢긴 채

퇴색되고 낡아 묻힌 유적지를 발굴하여 보존하려는데 힘을 쏟는 것은 우리 민족의 자부심을 되찾으려는 것이다.

영민한 감성과 감각적인 미적기술이 그 예술성과 섬세함은 표현할 수 없는 신비로움을 더한 우리 문화재는 더욱 빛나고 있다.

우리는 이 나라 민족이 살아가는 땅과 물이 그러하고 선대의 훌륭한 혈통을 이어 받았으리라 한다.

백제금동향료.

백제금동향로를 보면 어느 한 부분이라도 소홀히 다루어진 데가 없다. 아래로는 용틀임을 하면서 꿈틀대며 연꽃향로를 받히고 있으며, 향로는 신(神)산(山)으로 곳곳에 동물들이 노닐고 있으며, 뚜껑손잡이 봉황은 곧 날개를 펼치고 날아오를 듯하며 그 아래에 다섯 악사가 각기 다른 악기를 연주한다. 이렇듯 상상을 초월하는 이상세계는 더없이 아름답고 훌륭한 예술작품으로 하여 경이로움에 전율을 느끼며 눈을 감는다.

은은한 빛을 따라 빨려든 순간 과거 그 세계로 여행한다. 신산(神山)숲 계곡에 물소리 새소리인가 바람소리인 듯, 다섯 악사들은, 다른 악기연주의 음률로 조화를 이룬 오음은 끊임없이 내 이명(耳鳴)이 하나가 된다.

나는 짧은 순간에 천년을 뛰어 넘는 가장 긴 여행을 경험했다.

무섭게 변한 시대는 천지개벽인 듯 그렇듯 발전을 거듭하여 달라진 생활방식에 길들여져 있지만, 오늘 우리는 우리 역사 이기에 낯설지 않은 고적을 탐방하면서 선조들은 자연이치에 따르며 서두름이 없는 지혜를 배워야 했고 그 얼을 이어 받았으면 하고 느낀다.

위대하고 훌륭한 유산은 우리에겐 자부심인 것이라 오늘날에 이르러 경제성장을 이룰 수 있는 바탕이 되지 않았을까 한다.

오늘 저렇듯 침묵인 채 유유히 흘러만 가는 백마강. 그 강변 가을꽃으로는 예전은 없고 오늘만 있음을 본다.

나를 동심으로 돌려준 눈

눈이 펑펑 퍼붓듯이 내리거나, 온 세상이 하얗게 덮여 있는 것을 보면 나는 아이가 된다.

부르는 사람도 없으면서 어디로 가고 싶어진다. 가슴은 벅차오고, 설레는 마음은, 눈 귀신에 홀렸나 싶다.

환성이 터져 나온다. 소리는 목 줄기를 넘어오지 못하고 속으로 잦아든다.

'옛날에 어느 남편이 집을 나가서 여러 날이 되어도 돌아오지를 않아서 마을 사람들과 찾아 나섰다. 그는 길도 아니고, 집과도 거리가 먼 곳에서 죽어 있었다. 그것이 눈 귀신에 홀려서라고 한다.'

눈이 그토록 사람의 마음을 황홀하게 하는가 보다.

지난겨울에는 많은 눈이 내렸다. 불만 쬐고 있을 수 없어 방한복으로 중무장을 하고 나섰다. 나를 따라나선 이웃의 건장한 남성 동지가 둘씩이나 동행을 해주겠고 한다.

이만하면 산돼지를 만난다 해도 겁날 것이 없다. 하지만 주의해야 할 것은 집 앞의 산이라 해도 산은 산이다. 산을 오를 때의 시간을 확인하고 하산할 시간을 염두고 산행을 해야 한다. 등산을 할 때 지켜야하는 철칙과도 같은 것이다. 앞 등성이만 넘으면 험준한 산이다.

눈길에 숨을 고르며 오르기를 얼마 안 된 거리에서 짐승들의 발자국을 만난다. 이런 곳에서 산짐승들의 발자국보고 우리 일행은 누가 먼저랄 것 없이 소리 질러 반긴다. 이렇게 반가울 수가 없다. 그것들도 꼭 사람이 다니는 길을 따라서 걷다가 살짝 옆으로 비켜 다니기도 한다. 이 눈 덮인 곳에서 먹이를 찾아 마을까지 내려오기도 하여, 연민의 정을 느끼게 된다.

발자국은 간간이 휘돌아서 다시 길에서 만나게 된다, 발자국이 작으면서 간격이 넓으면 노루발자국이고, 간격이 좁고 눈에 끌렸으면 이것은 토끼발자국이 틀림없다.

동물들의 발자국을 발견하면 형용할 수 없는 설레는 마음이 된다. 희망을 발견한 듯한, 고마움 같은 느낌이라 할까.

내리막길 산등선에서 걷기가 너무 힘들어 주저앉아 차라리 미끄럼으로 내려오는 것이 쉽겠다 싶어 앉아서 미끄러져 내려오는데 내려가는 속도가 장난이 아니다. 중간마다 위험한 곳을 지날 때는 아찔함을 맛보아야 했다. 바위모서리에 머리를 부딪칠 수도 있고, 바닥에 올라온 바위 턱에 걸려 옆으로 구르다 잘못하면 낭떠러지로 떨어질 위험도 있지만, 아슬아슬한 스릴로 인한 이 쾌감을 어디서 맛볼 수 있을까 싶다.

나를 위한 밥상

그동안 내 자신의 생활방식에 대해 깊게 생각해 보지 않았던 나를 들여다본다.

젊어서는 젊음 그 자체만으로 삶에 있어 오만할 만큼 자신감으로 의욕이 넘쳐 있었다. 그런데 세월 앞에서 초라하고 작아져 있음을 본다.

생활하는데 있어 신경 쓰지 않았던 것이 새삼 중요하게 느껴지는 요즘이다. 첫째가 나 자신이다. 예나 지금이나 의식주가 근본인 것이다. 하지만 현재에 있어서 예전과 다른 것이 있다면 가족의 울타리를 의지로 하지 않는 것이다.

풍요로운 곳에 빈곤이 있듯이 번화함에도 외롭고 고독함까지 자신이 감당하고 해결해야 하는, 어느 때보다 자신의 의지가 필요한 생활이다.

오래 사는 것보다 건강하게 살아야 한다고들 말을 한다. 그러려면 첫 번째가 식생활이다. 먹는 것으로 인해 건강이 좌우되니 중요하다. 요즘은 젊은이들까지 혼자 밥을 먹는 일인 가구가 많은 시대이니 혼자 삼시세끼 끼니를 스스로 챙기는 일이 흉도 허물도 아니다.

내가 나를 얼마나 귀중하게 여겨야하는 것은 그만 두고 그럭저럭 꾸려온 그런 생활로 나를 가장 홀대한 것이 나 자신이 아닌지 생각해 본다.

제시간 때에 맞춰 제대로 갖춘 나만의 밥상을 차려보지 않았다. 늘 나는 내 자신을 아무렇게 해도 되는 가장 편한 대상이었다. 시장기가 느껴지지 않으면 때를 훨씬 넘기기 예사였다.

내 생활에 있어 내겐 내 존재가 중요하다고 의식하지 못했다. 남에게 주는 것이라면 되도록이면 반듯하고 흠이 없는 것이어야 했지만 그와 달리 골라낸 찌질한 것은 내 몫이었다.

나 자신이 먹는 것에 가장 소홀히 했다. 이것저것 챙길 필요를 느끼지 않았다. 간소화하고 생략해도 되는 내 밥상은 이런 저런 이유도 없이 대충 때우는 것이었다.

현대생활의 식사 방법엔 건강을 위해서는 부식을 위주로 한다지만 나는 옛 방식대로 밥을 먹기 위한 반찬이다. 한 공기의 밥을 먹기 위한 반찬은 여러 가지가 필요 없이 입에 맞는 것 한두 가지만으로도 충분히 밥은 먹을 수 있으니 반찬을 만들어 냉장고에 넣어 놓고도 냉한 찬들을 꺼내기가 싫어서도 그렇지만 우리 식문화는 음식을 금방 만들어낸 온기가 있어야 하고 국물이 촉촉하게 따끈따끈 해야 제 맛인 것이다.

그래야 하고 그래야 되는 음식을 냉장고에 넣어둔 뒤 차갑고 굳어 있으면 다시 따뜻하게 데워야 하는데 그런 절차가 일스럽고 귀찮다. 그러다 여러 날이 지나고 보면 오래된 음식이라 또 먹고 싶지 않고. 그런 음식을 아직 상하지는 않았는데 쉽게 버리지도 못하고 미루다 싱크대 위에 나와서 한 이틀 지나면서 육안으로 봐도 확실히 변한 것을 확인해야 버리게 되니 먹는 것보다 버리는 것이 더 많다.

요즘은 혼자 생활자들이 많으니 찬가게서 사다 먹기 편리하게 되어 있지만 그러나 아직은 남에게 의지하지 않고 이렇게라도 할 수 있다는 것만으로 다행이다 하는 마음에서 나를 위한 밥상인 만큼 즐겁게 만들고 즐기며 먹어야겠다고 마음을 다잡아 본다.

이제부터 습관을 바꿔야겠다. 습관적이라는 것은 어떤 것에 행함에 있어서 길들여짐이라 하겠다. 생활이란 어제와 오늘 그리고 내일의 반복된 행동인 규칙적일 때 자신의 의식 속에 녹아들어 있어 의식 무의식 간에 행하는 습관이 되고 생활리듬으로 해서 체질화된 버릇으로 바꿔야 하겠다. 그래서 지금부터 식습관을 고쳐야겠다.

이런 저런 것이 사람 살아가는 일인데 그 일들이 싫다면 안

할 수 있는 방법은 일회용으로 구매해 먹을 수도 있다. 영원히 눈감지 않으려면 움직이며 살아야하고 삶을 즐겨야한다.

사는 게 즐거우려면 먹는 것이 즐거워야 하고 오늘 나를 위한 먹을 것을 만들면서 내일은 무엇을 만들어 먹을까 생각과 함께 다음날 먹을거리 미리 생각하면서 저절로 즐거움을 느껴보자.

내가 먹을 것을 즐거운 마음으로 만들어야 맛있는 요리가 된다. 한두 번 먹 먹을 만큼 조금씩 만드는 습관을 길러야겠다.

요즘은 여러 가지 먹을거리들이 유튜브 영상에 올라온다. 예전의방식이 아닌 새로운 조리방법도 많지만 그래도 예전에 어머니가 하시던 생활방법을 기억해가며 재연해 보고 싶다.

일이 아닌 놀이를 하는 마음으로 청국장을 직접 띄운 청국장을 끓여 먹고, 콩나물을 길러서 해 먹는 맛이 재미가 더하니 먹는 일이 즐겁다.

다음에는 어떤 것, 무엇을 만들어 먹을까, 밀가루 음식도 좋아하는 나는 밀가루로 해 먹을 게 많다. 손칼국수 기계도 꺼내놓았다. 찰보리 쌀가루에 막걸리로 발효해서 빵을 만드는 방법도 있어 여러 번 만들어 봤다. 먹은 것보다 나누어준 것이 더 많다.

아직은 다른 사람의 도움을 받지 않아도 되니 다행으로 여기며 스스로 할 수 있다는 것만으로 위안을 하면서 마지막까지 슬픈 삶이 아니길 바랄 뿐이다.

3.

나의 노래

나의 노래

장끼가 '끅끅' 목쉰 소리를 내면서 날아오르면 까투리는 푸드득 뒤따라 날면서 아침을 연다.

팔당 상류, 물안개가 낮게 깔려있는 강가를 걷고 있는 백의(白衣)의 신사, 그를 보면 가슴이 뛴다.

출퇴근으로 매일 지나는 길 갈대가 자라는 습지에 있을 그를 찾는다. 습지 주변의 논들에 심어놓은 모가 파란 물결을 일렁이고 있는 곳까지 훑어보면 멀리서도 금방 찾아낼 수 있다.

아, 거기에 있구나. 그를 발견하면 설레는 마음으로 시작되는 하루다. 때로는 우리 집 가까이 올 때면 반가워서 소리쳐 부르고 싶다. 좀 더 가까이 왔으면, 정말 한번 안아보았으면 좋겠다.

그는 언제나 말쑥하고 조용하며 느긋하고 여유롭다. 진초록 물결 가운데 백옥 같은 흰옷의 그가 많은 그의 벗들과 어울려 있는 것을 볼 때면 한 폭의 동양화를 보는 것이다.

그는 저버릴 수 없는 짝이 있다. 그는 자신의 본분을 지키고 있기에 최선을 다하고 있기에 욕망 때문에 짝을 버리고 날아가지는 않으며 물질에 유혹되지 않는다.

사람은 결혼하는 것은 거의가 거래다. 사랑하는 것에 조건이 없을 수 있겠으나 결혼에는 조건이 맞아야 하니 조건이 없다는 말도 새빨간 거짓말일 뿐이다.

조건이 좋은데다 생김새까지 좋으면 금상첨화라 사방에서 욕심을 낼 것이다. 외모가 예쁘면 먼저 선택을 받는 것이 당연하다. 거기다가 값진 것을 얼마나 소유하고 있는지, 배경이 좋고 나쁜 것으로 밑지지 않을 만한 수준에서 서로를 선택하는 것이라면 그 또한 거래인 것이 분명하다.

잘나지도 못 하고, 가진 것도 없이 배경도 없다면 선택에서 밀리고 마는 거래다.

손해를 안 보는 거래를 하려면 찍기를 잘 해야 한다. 그런 계산속이 어두워, 타산적이지 못해, 그래서 강하게 끌면 그곳이 물구덩인지 불구덩이지 분간도 못하는 숙맥은 다음에 올 불행에 대해 아무런 준비가 없었다.

주변에서조차 보고들은 것도 없었으니 실패가 자신의 의지대로 된 것이 아니었는데 그 피해는 혼자 다 떠안게 되는 것이다.

결혼이라는 절차는 무엇인가. 이성간의 결합을 공식화하는 것 외 법률적인 책임을 포함해서 평생 같이 살겠다는 약속인 것이다. 그런 것을 한쪽에서 일방적으로 파기하는 것은 크나큰 배신이고 위법이다.

이별, 헤어짐은 책임감보다 어떤 이유나 조건 없이 시선이 딴 곳으로 향해 마음이 떠났을 때, 상대방의 소박하고 작은 꿈은 비눗방울이었던가. 비눗방울 꿈은 하늘로 올라가 허공 속에서 사라지고 먹장구름이 되어 절망으로 내려 덮었다.

깨진 그릇은 붙일 수 없는 것이다. 고이고이 가꾸고 꿈꾸며 설계한 꽃밭을 그렇듯 망쳐버렸다.

남한산성 길

- 약속된 시간을 향해

남한산성을 지날 때마다 먼저 치욕의 병자호란을 떠올린다.

하지만 이곳 주민들은 백제의 도읍지였다는 것에 자부심을 갖고 있다.

남문 쪽에는 해발 480여m의 청량산이 있고, 서문 쪽에는 비슷한 높이와 험준한 산세의 연주봉이 있으며, 같은 높이의 봉암은 동북으로 하여 성벽을 쌓았다. 성안의 마을은 고요 속에 있다. 자욱한 안개를 걷어내고 햇살은 조용히, 눈부시게 쏟아 부으며 하루의 문을 연다.

눈이 부시도록 맑은 아침, 안개는 어제의 고달픔을 씻어내며 이슬에 촉촉이 젖은 생물체는 생기가 활발하다.

한강 이남이 개발되면서 서울로 편입된 지역이 넓어져 남한산성이 지척으로 가까워졌다. 나는 서울을 오고갈 때 지름길이 되어 남한산성 길을 이용한다. 이 길은 자연과 교감하며 추억을 되살려 주는 즐거운 길이다.

2, 30년 전, 지금의 생활과는 먼 옛날이었다. 산성에 있는 장경사에 오기 위해서는 새벽의 잿빛 어둠을 발길로 헤치며 집에서 나와 천호동에서 산성 오는 버스를 갈아타야 했다. 하남을 지나고 광주방향으로 가다가 광지원에서 오른쪽으로 접어들어 아름다운 계곡을 따라 6㎞여를 오르면 산성 동문에 이른다.

동문에 들어서면 오른쪽으로 장경사가 있다. 신라 문무왕 산성 축성 때 함께 축성한 사찰 중 하나인 장경사다. 그렇게 먼 길을 지금은 쉽게 지나가면서도 찾아보지를 못했다. 사찰로 오르는 길이 검은 아스콘으로 포장된 것을 곁눈으로 보면서 바쁘다는 이유로 페달에 힘을 준다.

남문 쪽의 산성터널을 나오면 성남시의 고층아파트가 내려다보인다. 성남행 버스를 타고 오면 산 아래 성남에서 산성으로 걸어 오르던 이 길이 지금처럼 장터 같은 곳이 아니었다.

계절이 바뀔 때면 마음에 여유를 얻기 위해 천호동으로 해서 산성을 한 바퀴 돌아가던 곳이다. 불러 주는 이도, 기다리는 이가 있지도 않지만 서울을 벗어난 곳에, 이만큼 거리에 산성의 아름다운 풍치가 있어 즐겨 찾던 곳이다.

지금도 예전같이 변함없는 것은 남쪽이 봄이 일찍 찾아온다는 것이다. 따뜻한 양지바른 곳에 진달래와 개나리가 피고 지면 뒤따라 아까시 꽃이 여름을 재촉하며 핀다. 우윳빛 아까시 꽃은 조랑조랑 매달린 꽃주머니 속에 감추어둔 향기를 바람에 살금 살금 풀어낸다. 사방으로 흩날리는 향기에 꿀벌들이 찾아들어 하루를 바쁘게 하고, 지나는 길손은 향기에 취하며 꽃 한줄기 입에 물고 훑어 먹던 달콤한 어릴 적 추억을 떠올린다.

내 안의 갈피마다 여러 색깔의 모양을 달리한 형형색색의 형태의 나, 바람은 살포시 한 갈피를 젖혀놓은 잿빛인 채 머물게 한 영혼이었다. 되지 못한 어지러운 생각인 채 이중 삼중으로 굽은 길을 내려오면서 잠시 쉬어가고 싶은 유혹을 느낀다. 되풀이되는 계절은 세월의 수레바퀴 속에 시들어 가는 것을 슬프고 아파하며, 새로운 것에 기뻐하며 그 모든 것을 스스로 극복하고 해결하며 상처 입은 영혼이 위안을 얻을 수 있는 것은 자연뿐인 것이다.

꽁꽁 얼어붙은 오늘은 이렇게 웅크렸어도, 내일 맞게 될 봄은 부드럽고 따뜻한 바람결 따라 너를 흔들며 피우게 될 나뭇잎과 방실거리고 활짝 웃는 꽃 사이를 오가며 조잘대는 새소리, 풀잎에 맺힌 한 방울 이슬까지도 내 마음의 갈등을 잠재울 수 있고, 산란한 머릿속은 수면 위에 들게 될 것이다.

나무 사이로 쏟아져 내리는 은빛보석을 굴리며 노는 새들을 뒤로하고 짧은 시간에 긴 여운을 안고 차량의 물결에 휩쓸려 약속된 시간을 향해 달린다.

농사 그리고 수확

농사라는 것은 거둬들일 그 순간의 부듯함이란 고단하고 힘들었던 날들을 싹 잊게 하여 다음해에 또 그렇게 되풀이하며 농사를 짓는 것이다.

전원생활을 하겠다고 서울을 떠나온 지도 어느덧 20년이 넘었다. 처음에는 서울서 멀지 않은 곳이었다. 그곳에서는 텃밭이라고까지 할 수 없는 아주 작은 빈터에 고추 몇 포기, 상추 몇 포기를 심었고 집 뒤뜰에는 고구마 한단을 심을 수 있었다.

심기만 했지 모종을 심기에 밑거름을 해야 한다든가 고추에 진딧물이 끼이면 진딧물 약을 쳐야 하는 것을 몰랐다. 구경도 못했으니 어떻게 알 수 없는 것이 당연했다. 하우스에 고추농사를 짓는 이웃이 지나다 고춧대 밑둥에 약을 뿌려두면 진딧물이 생기지 않는다며 자기 밭에 사용하고 남은 약을 주고 가기도 했고 직접 뿌려주고 가기도 했던 그때 처음 심어보고 고추를 따봤다.

한 십년 가까이 살던 곳을 떠나 이곳이 자리한 지도 20년이 가까워 온다. 지금은 처음 시작한 전원생활에서보다는 텃밭규모가 넓다. 고추를 100포기를 심고, 고구마. 강냉이 및 몇 종류의 작물을 쏠쏠한 하게 가꾸고 수확한다.

요즘은 농사에 있어서도 기술적 경작으로 도시근로자 이상 고소득을 올려놓기도 하지만, 그런 경제성을 떠나서 대부분의 가정에서의 경작은 종자 값이니 비료 값에 농약 값이며 거기에 더하여 품삯도 안 된다. 하지만 값으로 평가할 수 없는 보람은 씨를 부려 가꾸고 거두는 일이 전래되어오는 생활습관으로 되풀이하는 것이다.

봄부터 땅을 파고 씨 뿌려 놓고 날 새면 논밭으로 나가 어느 한곳 허술히 하지 않았는지 살피고, 마음으로 손끝으로 우두며 그렇게 가꿔서 거두어들일 때의 기쁨은 돈으로 계산할 수 없을 만큼 만족하며 큰 행복감을 얻는다. 그래서 작황이 좋으면 좋아 기쁘고, 나쁘면 조금은 서운한 가슴 달래면서 다음 해에 기대를 건다. 그것이 농사를 짓는 이들의 마음이고 자세여서 자연에 순응하며 배우게 된다.

텃밭에 심은 고구마가 그런대로 알이 잘 들어서 나눠주고 싶은 그들에게 조금씩이나마 마음을 건네줄 수 있어 행복했다. 주고 행복한 마음 얻으면 그 만족함을 어디에 비할 것인가.

하지만 가을 채소인 김장배추는 실패다. 김장거리를 주겠다고 해놓고는 못주게 생겼다. 속이 안 찬 푸른 잎이 마치 어레미처럼 구멍이 났다. 그냥 배추벌레만이 아니다. 잎을 갉아먹는 벌레는 여치며 달팽이도 있고 가장 많은 수가 메뚜기다. 메뚜기 색이 좀 검고 논 메뚜기보다 작은 것들이 떼로 덤빈다. 배춧잎에 앉아 있다가 기척에 우르르 날아갔다가 다시 날아온다.

그렇게 극성을 떨던 벌레도 기온이 내려가고 배추속이 차오르면 보이지 않는다. 죽었을까 약도 안 쳤는데 없어졌다. 벌레들의 놀이판이 끝나고 나면 배추 푸른 잎은 걸레 같은 꼴이 됐다.

충분하게 퇴비도 못해서 그런지 크지도 않고 속도 안차서 포기가 헐렁하다. 고춧가루도 좀 덜 넣고, 간도 짭짤한 그런 시골김치를 좋아하는 친구가 잘 안된 그런 배추라는데 그래도 좋다고 달란다.

나는 그렇게 실패를 했지만 금년 김장배추는 작황이 좋은 곳도 있다. 재배농가가 많고 면적 또한 많아서 값이 폭락하는 사태까지 되었다. 그런데 중국산김치가 작년보다 더 많이 수입된다 한다.

그러니 국내에서도 절임배추를 택배로 받을 수 있고, 마켓에서 고객 서비스차원이라며 밭에서 직송해 원가로 제공하기도 한다. 아직은 우리 세대는 힘든 일이라면서도 김장쯤은 손수 담가야 하는 것으로 안다. 하지만 이후 세대들은 김장김치뿐만 아니라 계절 없이 항시 구매 가능한 김치배달이 자연스러울 것이다.

가정마다 봄이 오기 전부터 정월달 간장 담그기부터 시작해 텃밭에 씨앗뿌리고, 가을이면 김장을 하던 생활풍속이 핵가족으로 해서 깨지고 있는 지금이다.

손수 장 담그고 김장을 하는 마지막 세대가 될 것 같다.

언젠가는 누구나 가야하는 여행

사람의 마음을 약하게 하기도 하고 강하게 하기도 하는 것이 정이다.

정이란 것은 생명이 있거나 없거나 상관없이 얼마나 가깝게 지냈느냐에 달렸다. 하지만 정은 상대적인 것이다. 형체도 없으면서 사람의 마음을 지배를 하기도 한다. 마음이 움직이면 행동이 따른다. 정이 떨어지면 끝나는 것으로 죽음은 정을 끊어 버려야 한다. 하지만 망자는 세상과의 정을 끊었을까 모르지만, 살아남아 있는 이들은 망자와의 정을 당장 끊어내진 못할 듯 어느 정도만큼은 지니고 살아가면서 차츰차츰 흐려지는 감정으로 지내게 된다.

누구에게나 가장 두렵고 겁나는 일은 죽음이다. 정든 모든 것으로부터 떠난다는 것과 미운 정 고운 정으로 엮여 지내던 삶, 정으로 얽혀진 삶의 그 사람과 다시는 볼 수 없다는 것은 슬픈 일이다 그래서 죽음, 미움과 원망도 내려놓게 하는 것이다. 떠난 사람은 어떠한지 알 수 없으나 남은 사람은 죽음으로 이별이 얼마간 슬프겠지만 시간이 지나고 세월이 가면 잊어지게 마련이다. 개인마다 정도의 차이는 있지만 죽음이란 것은 체념하게 되니 잊어지는 것도 빠르다 그래서 남은 사람들은 살아가기 마련이다.

내가 지금 세상을 떠나고 나면 나를 그들은 어떤 마음으로 무어라 말을 할까. 내게는 눈물 흘리며 슬퍼할 만큼 애틋한 정을 둔 사람도 없고 나이 들어 떠나는 것을 당연해 할 것이다 오랫동안 입던 헌옷처럼 편안하고 더럽혀질까 하는 조심을 안 해도 되는 만만한 옷, 없어도 그냥 지낼 수 있는 그런 옷, 눈에 띄지 않으면 잊은 채 지낼 존재일 것으로 안다.

'없어도 그냥 지낼 수 있는…. 잊은 채.' 그렇게 아무도 모르는 새에 숨을 거둘 수도 있다.

그런 것을 염두에 두고 기력이 있고 생각이 맑을 때 버릴 것을 미리 정리를 할 필요가 있겠다는 생각을 하지만 결론을 내지 못하겠다. 내 생활에서 내 삶을 지탱하게 한 숨결이 스며있고 손때와 함께 정이 배인 것이라서 쉽게 버리지 못하기도 하지만 아직은 활동을 하니 필요해서다. 오직 나한테만 필요한 것들이다. 그동안 내가 사용했었지만 지금 그런 것들이 없으면 안 될 물건들도 아닌데 끌어안고 있다. 그것은 내게 있어서는 소중한 내 삶의 흔적들을 간직한 것이니까.

그것들은 유행과도 먼 것이면서 오랜 세월에 좀은 퇴색됐어도 아직도 쓸 만한 것들이다. 이것저것 뒤적이면서 들여다보면 하나하나마다에서 지난 일들이 밀려온다. 정신없이 바쁜 일상 중에도 남들의 시선을 받기도 했었던 일들이 되살아나면서 마음이 들뜨게 돼 혼자 웃는다. 젊었던 날 그런 추억들게 하는 것만으로 오늘이 서럽지 않다.

쓸데없는 애착심은 삶에 대한 집착을 더 하는 것이 되겠지만 내가 숨을 쉬는 동안 함께할 수밖에 없다. 내가 떠난 후엔 사정없이 버려질 것을 알면서도 내 손으로 버리진 못한다.

살다가 수명이 다해 죽음이 임박하면 여행을 떠나듯이 "잘 있어라, 안녕." 하는 그런 죽음의 길이었으면 싶다.

중병에 있지 않으니 급박한 처지가 아니지만 사람이 살았다고 하는 것은 일상생활을 스스로 해결할 때일 것이다.

내게 죽음이 손짓을 하면 두려워하지 않을 것이다 세상에 어느 것도 영원한 것이 없음이 자연법칙이다. 그래서 미리 정리를 해야지 하는 생각을 했다가도 에라, 모르겠다. 죽은 후를 왜 걱정을 하나 싶다.

조금 더 지나서 기력이 쇠잔해지고 활동력이 줄면 그때 누구의 도움을 받아서 정리를 해도 될 것이다 폐기처리 될 어느 것에도 내 것이란 마음에서 정을 털어버릴 때가 되면 미련 없이 버릴 것이다.

지금부터는 사는 날까지 나이도 잊고 살란다. 늘 준비된 마음이라 서두를 것도 없지 않은가.

피할 수 없는 죽음, 다음 그곳이 이 세상보다 좋을지 나쁠지에 대한 말을 들어보지 못했다. 내 것에 애착심이 생에 집착은 아닐까 하는 마음이다. 어느 날 저승사자가 데리러 오면 순순히 따라서 여행을 떠나듯 눈을 감을 것이다.

농촌 생활에서 새로운 경험

일 년 중에 낮이 제일 길다는 하지(夏至)가 지났다.

일찍 북상중이라던 장마전선은 한 차례 비를 내리고는 거의 비가 오지 않는다. 아랫녘은 비가 많이 오고 비 피해가 뒤따르는데 중부 이북은 가뭄이다. 건장마가 길다.

햇볕이 뜨겁게 폭염이 기승을 부린다. 불볕 같다는 말이 실감난다. 이십사절기 중 한 절기인 소서도 아직 안 지났고 초복도 저 만큼 있는데 삼복중인 듯 덥다. 예전과 달리 모도 일찍 내니 절기에 앞서 낸 논에 그에 맞춰 불볕이 쏟아져 벼가 더욱 잘 자랄 것이다.

고속도로보다는 지방도로를 즐기며 지나다 보면 벼가 많이 자라 있다. 연녹색이 바람에 물결을 이룬다.

보기에도 싱그럽고 푸른 내음이 풀풀 날릴 듯하다. 하지만 그런 푸른 내음 대신 농약냄새가 진동해 차창을 올렸다.

예전에는 그랬었다. 들판을 지나면 퇴비냄새가 고약해 고개를 돌렸다. 코를 바람 반대방향으로 돌렸고, 코를 가리기도 했었다. 화학비료가 나오기 전에는 논밭에 내는 거름은 가축 배분을 겨와 짚을 섞어 발효시킨(썩힌) 것과 인분을 밭에 내었다. 그런 것으로 악취가 고약했다.

요즘은 발효제를 써서 퇴비를 만들면 그런 고약한 악취도 없다. 하지만 퇴비를 만드는데 드는 노동력과 시간을 감안하면 퇴비보다 효과는 몇 십 배나 높은 화학비료에 첨가된 농약을 손쉽게 쓴다. 그 농약냄새로 차창을 닫아야 하는 지금보다는 차라리 그 시절의 거름냄새가 사람의 향기 같아 그립다.

하늘만 쳐다보고 농사짓던 시절 가난으로 늘 허기진 삶이었던 그때와는 비교가 안 되게 넉넉해진 살림이다. 웬만한 가뭄에는 지하수를 끌어 올리니 크게 물 걱정하지 않아도 된다.

논을 보면 조기 육모에 농기계로 이앙하며 화학비료에 제초제약을 사용하니 초복, 중복, 말복, 그렇게 세 번씩이나 매던 논도 이제는 안 해도 되고, 따라서 기계가 많은 인력을 대신하니 머리에 이고 등에 짊어지지 않아 편해진 것만으로 만족하지 못하고 또 다른 바람이 있다.

그렇다. 정말 욕심을 내지 않으려 했다. 손바닥만 한 텃밭이니 가뭄이면 아침저녁 물을 뿌려 주면 되고 거름이 부족하면 많이 열리지 않을 것이니 자잘하거나 말거나 소득이 적으면 적은 대로 가꾸는 것을 재미로 여기며 만족해하려 했는데 그게 안 된다.

어렸을 때에 보고 겪지 않은 알지 못했던 여러 가지 병들이 많다. 그런 해충이나 병으로 논밭에 농약이나 화학비료에 의지 하지 않고는 안 되는가 보다.

보통 우리가 아는 말로는 땅은 거짓이 없다 했고 뿌린 만큼 거둔다 했던 선조들의 말씀을 오늘날에는 어떻게 해석하고 이해를 해야 할지 모르겠다.

콩을 심을 때는 세 알씩 심는다 했다. 왜 그러냐하면 한 알은 땅속의 벌레 몫이고, 한 알은 날짐승 몫이라 그렇단다. 하지만 요즘은 그런 것 생각할 여유가 없다. 땅속의 벌레거나 어느 것도 내 것을 훔치면 용서가 없이 곧바로 박멸이다.

재미로 조금 심어 무농약으로 태양초를 얻겠다는 바람인데, 고추가 붉으려 할 때면 탄저병으로 전멸해 매년 헛수고만 했다.

금년에는 아직은 탄저병이 아닌데 끝이 썩는다. 그것은 철분과 영양이 부족해서라 한다. 밑거름이 부족하면 영양이 부족하다 할 것이고, 영양분이 적으면 성장이나 결실에 나타날 것이나 고추도 튼실하게 많이 달려 있으면서 영양부족이라니 이해할 수 없다. 더욱 고추에 철분(?)이 부족해 생기는 증상이라니…. 농약을 쓰지 않고 실패하면 결국은 농약으로 가꾼 고추를 사 먹을 바에야 그렇다, 농약을 쓰자고 생각을 바꿨다.

농사에 초보자니 약값과 분무기에 상당한 금액이 지불됐다. 약을 사들고 와서는 후회된다. 고추 50포기에서 몇 근을 따 말릴 것인가 말리는 것도 또한 어렵다. 하지만 계산은 그만하자. 흙과 놀이를 즐긴 것으로 만족하자. 그리고 새로운 경험을 얻은 대가를 비싸게 치렀다. 그렇게 시작해서 실패를 거듭하며 새롭게 경험을 얻는 것이다.

고추 농사 옛날의 고추와 지금의 고추는 품종을 개량종이라 심고 가꾸기부터 수확하는 방법도 변했다. 예전의 고추는 마당 덕석에 널어 말리고. 초가지붕 위도 널어놓고 말렸다. 장마철에는 방에 불을 지피고 방바닥이 널어 말렸던 것을 보며 자랐다. 중년에는 평상 위에, 아스팔트길 가에 널어 말리는 것을 보았고, 그 시절 다음은 비닐하우스에서 고추를 건조를 했던 것이라면 요즘은 전기건조기에서 고추를 말린다. 개량된 품종은 옛날 재래종 것보다 크고 고추피도 두껍기에 날씨에 영향을 받지 않는 전기건조기에서 좋은 상태로 바짝 말릴 수 있다. 아니면 조금 덜 말려서 햇볕에 널어 바짝 말리면 태양초인 것이다. 얼마나 편리하고 좋은지 농사라는 생활을 하며 매년 또 다른 경험하게 된다.

문학기행으로 추억을 되살리고

참 많이 변했다. 그것을 발전이라 해야 맞는 말일까 한다.

반세기에 가까운 세월이 지난 오늘 한산도를 갔다. 그곳은 다녀왔다고 말할 수 없는 아주 생소한 곳이다.

문학기행 행선지가 통영 한산도로 정해졌을 때 가벼운 설렘을 느꼈다.

지난추억을 되살릴 그곳에 함께했던 옛 직장동료는 지금 연락이 끊긴 채 오랜 세월이 흘렀지만 이곳에 오면서 다시 생각이 난다.

오랫동안 연락이 끊긴 채 지내오면서 연락해보려는 생각도 않았고 나대로 생활에서 잊고 지냈는데 문득 떠오르게 된 것은 한산도여행지이다.

그 시절엔 한려수도의 유람 코스가 이렇게 다양하지도 않았고 여행객도 많지 않았다.

70년대쯤에는 여행을 즐긴다면 배낭을 멘 몇몇의 그룹이 고작이었으니 드물게 보는 풍경이기도 했다. 우리 생활에서 여행이 지금처럼 일반화되지 않았던 시대다. 경제적 여유가 있다 해도 여행을 생활문화에 포함하지 않은 시대의 생활수준이었다 할까.

여행을 멋으로 알고 낭만을 즐기는 마음의 여유면 배낭을 메고 훌쩍 집을 떠날 수 있는 이들이 소수에 불과했던 그런 시절이 주마등 같이 스쳐간다.

그 시절 그때는 관광객을 나르는 관광버스도 회사나 계모임이거나 중 고등학생들 수학여행을 하는 정도였을까. 그리고 뜻 맞는 친구 몇몇이 여행을 하거나 학생들이 무전여행을 하기도 했다. 부모님은 생업에 매달려 옆 돌아볼 여유도 없었던 시절, 시장 상인은 휴일도 없이 일 년 중에 추석, 설 명절에나 문을 닫았던 참으로 고단했던 삶을 살았던 시절을 더듬게 한다.

그때는 대중교통편으로 통영을 와서 한산도를 가는 배를 기다리는 시간이 길어 부둣가에서 좀 떨어진 길가에서 오래된 공동우울 물을 두레박으로 퍼 올려 동이에 이고 물 지게에 저 날라다 마을사람들이 식수로 쓰인 샘물. 그 우물가에서 배낭을 풀어 헤치고 취사도구를 꺼내 늦은 점심 준비를 하고 있을 때다. 지나던 젊은 여자가 다가와 자기는 대학생이라며 자신을 소개한다. 남학생들과 여럿이 여행을 왔다가 마음이 맞지 않아 혼자 떨어져 왔다며 쌀은 갖고 있다며 밥을 함께 먹을 수 있으면 한다.

그 시절만 해도 길거리에서 취사를 하는 것이 부끄럽게 여기지 않았고 초면에도 먹을 것을 주고받는 일은 흔히 있는 일이다. 그런저런 많은 추억을 떠올리게 하는 통영과 한려수도 여행이다. 지금 생각만으로 참 낯선 생활이다.

10년이면 강산이 변한다 했는데, 50년 전, 70년대 초반 그 시절을 회상하게 한다. 자고나면 달라져 있을 만큼 변화가 빠른 오늘이다.

어딜 가나 북적대는 인파들로 우리네 삶의 여유를 본다.

갯벌을 매립해 고층 아파트가 들어서고 빌딩이 들어서 신도시가 건설됐음을 놀라워하며 많은 얘기를 하면서 무척이나 가슴 벅찬 듯 자랑하듯 들려준다.

지방자치제로 인해 지역을 돋보이게 하려고 많은 노력을 기울였음을 곳곳에서 알 수 있다.

옛것보다 더 새롭게 재건되고 복원된 유적지로 해서 우리의 삶이 얼마만큼 여유가 있는지도 느끼게 한다.

우리의 경제적 여유는 유적지도 복원하고 보수할 수가 있으니 우리의 삶이 고단함에서 벗어나 있다는 것을 곳곳에서 보여준다. 그런 것이 지역적 경쟁일지라도 훌륭하고 좋아 보인다. 케이블카를 타고 오르내리며 바라본 한려수도는 가슴 벅차게 했다.

개발은 언제쯤 멈출까싶다. 멈출 줄 모르는 개발은 푸르러야 할 산이 벌건 속살을 들어내고 있다. 인간의 욕심이 끝이 없으니.

세월과 함께하며

오랜만에 친구로부터 온 전화를 받았다 '요즘 어떻게 지내느냐'고. 대답은 늘 '괜찮다.' 체념하듯 말한다.

고혈압에는 추운 날씨라고 밖에 나가지 말란다. '추운 날'을 되뇌어보며 내 나름 건강을 위한 운동으로 걷는다.

내 가슴엔 언제나 찬바람으로 가득 차 있다. 어느 때라고 할 것 없이 허전함으로 텅 비어 있으니 웬만한 바람은 시리다 하지 않는다.

동지섣달 한겨울에 이 정도 바람은 추위도 아니다. 세계가 기상이변을 겪는다. 온난화다, 폭설혹한이다, 홍수로 도시가 쓸려나가는가 하면 가뭄으로 거대호수가 말랐다는데 우리나라도 겨울 가뭄에 추위도 예전 같지 않다.

오늘도 따뜻한 바닥에 몸을 누이며 그 시절처럼 온돌의 따끈한 느낌과는 다른 방바닥에는 온수매트가 깔려 있어 편리함을 누리며 이불을 들치고 들어가 몸을 뉘인다.

누구의 제약을 받을 것도 책임질 의무도 없는 지금 생활은 생업으로 활동에서 물러난 노후의 삶은 잉여인생인가 생각하니 서글픈 마음 가슴에 찬바람이 인다.

하지만 지금의 내 노후는 젊은 날에 열심히 살아온 그에 대가가 아닐지 싶다. 앞으로는 내 자신만을 위한 주어진 시간들을 최대한 활용하며 신바람을 일으킬까 생각한다.

지난세월은 내 자신을 돌아볼 겨를도 없이 곁눈질 한번 않고 살아왔다 싶지만 돌아보니 무엇을 이룬 것도 쌓은 것도 없다. 오늘에 와서 나만을 위한 시간들이 주어졌으니 만세를 부를 만큼 좋아할 것도 후회할 것도 없으니 지금의 주어진 생활에 아름답게 정리된 마지막 삶이 되었으면 한다.

그전 시대는 그러했다. 먹고 사는 일에 매달린 생활이었다면 현재는 풍족한 물질에 먹고 사는 일에서 벗어난 삶의 질이 다르다. 각자 취미생활을 즐기는 것까지 건강과 결부시킨 생활이라야 한다는 마음이다.

풍요롭게 보다 아름답게 즐기며, 더 오래 누릴 수 있어야 하는 고민은 쓸어낼 것이다.

지금의 생활은 삼시세끼를 창자를 채우기 위한 끼니가 아니다. 중요한 것은 질 좋은 맛을 찾아 어떻게 건강과 연결되는가에 관심이 높아 건강식품이 개발발전해서 일으키는 바람이 몰아치고 있다. 몸에 이로운 먹을거리에 관심 일면서 듣도 보도 못한 외국산 곡물과 과채들을 수입하는 바람이 몰아쳤으며 그것들을 광고 효과가 그대로면 아픈 사람도 없을 듯하다. 이것저것 끌어대 좋다니 앓고 있는 병이 낫거나 어떤 병도 예방한다며 허풍, 과장된 듯해서 나는 믿음이 안 간다.

이에 더해 이 분야에 잘 알려진 학자를 동원해 영양학적, 약리분석을 첨부하면서 사람들은 각기 자신에게 맞춰 이해하는 바람을 누가 막을 건가.

우리나라 기후에 맞는 체질로 났으니. 내 땅에서 나는 신토불이 먹을거리가 수없이 많다.

이 강산 산과 들에 너부러져 있는 산채 잎과 열매, 뿌리, 약이 아닌 게 없으니 우리 체질에 맞는 우리 토질보다 더 좋은 것이 없다. 늘 가깝게 있는 것을 귀하고 소중함을 인식하고 확인하는 길 뿐이다.

여러 면에서 환경도 좋아졌고 의료 혜택도 받으면서 옛날보다 장수를 한다. 하면서도 건강하게 살고 싶은 마음이야 누구는 없어서일까만 마음처럼 되지 않는 게 건강이다. 오래 사는 것이 문제가 아니다.

누구는 사람 꼴도 아니게 살고 싶어서일까 싶다. 그래서 나를 다잡아 본다. 가슴속에만 찬바람이 일고 있는 게 아니다. 영하의 날씨에 옷깃을 단단히 여미며 바람과 맞서 있다.

세월은 쏜살처럼 빠르다. 20대는 20㎞이고 30대는 30㎞, 40대는 40㎞,의 느린 속도지만, 70대엔 70㎞, 80엔 80㎞, 쏜 화살 같은 세월의 속도라고 한다.

언제나 같은 시간으로 하루 24시간, 사계절이 바뀌지만 지금은 뭐 계절을 느낄 새도 없이 어영부영 하다보면 봄이고 여름, 가을이다. 가을 단풍 즐길 새도 없이 찬바람에 옷깃을 여미는 겨울이다. 1년이 후다닥 세월이 과속도가 붙어서 이는 바람이 뺨을 때린다.

과속 붙은 세월이야 어쩔까만 건강관리를 이유로 좀은 더 살고 싶어서인가. 세월을 얼마큼쯤 따라 잡을 수가 있기나 하나. 그냥 세월 끝자락을 잡고 떼를 쓴다고 늦출 수 있는 것이 아닌데.

복숭아 수확

오늘은 복숭아 봉지를 씌우는 작업을 해야 한다. 늦복숭아, 황도복숭아 당도도 높다. 이렇게 맛있는 과실을 얻으려면 수고를 아끼지 않아야 한다는 각오를 하지만 대체로 쉬운 일은 없다. 좀 높은 곳엔 사다리에 올라가야 한다. 위에서 중심잡기가 쉽지가 않다. 젊지도 않은 80이 훌쩍 넘은 이 나이에 사다리에 올라가야 한다. 모든 것을 혼자 감당해야 하는 내 생활이다. 그러면서 이런 일 저런 일들을 생각하며 지난 일들을 떠올려본다.

복숭아를 봉지를 안 씌워도 되는 종이 있고. 씌워야 되는 종류가 있는가 싶다. 넓지 않은 텃밭에 복숭아와 대추를 심었다.

이곳에 집을 짓고 옮겨와 살고 있는 지도 어언 20년이 가까워온다. 무엇을 알고 심은 것은 아니지만 대추는 두루두루 쓰임새도 있고 누구에게 나누어주기에도 부담이 없어 좋다.

대추는 풋대를 먹는 맛도 좋고, 붉게 잘 익어 말리면 끓여 차로도 좋지만 고명으로도 여기저기 쓰일 때가 많다.

복숭아를 심을 때에는 과일로 먹을 것을 염두에 두고 심은 것은 아니다. 꽃으로 보기 위해서였다. 이른 봄이면 분홍색 꽃이 노랑 개나리꽃과 어울려져 아름다움을 즐기려 심었다.

감나무는 두 번이나 심었지만 이곳 기온이 낮아 실패했다. 사과, 배는 생각을 못해 심지 않았고, 이른 봄에 꽃을 볼 수 있는 매화, 매실나무를 심었다.

복숭아 역시 꽃을 보기 위해 심었다. 과일로 먹으려는 생각은 안했던 복숭아다. 몇 년을 봄이면 예쁘게 꽃을 피워줘서 꽃을 보며 즐기는 것만으로 만족했다. 꽃이 지고 나면 달린 열매에 별 관심을 두지 않았다. 복숭아를 과일로 먹었지만 내가 심은 복숭아나무 그 열매를 먹을 수 있는지도 어떻게 관리를 하는지 몰랐다.

복숭아 열매가 달리고 햇볕을 받아 붉은색을 띠고 작지만 제법 복숭아모양새를 보일 때쯤 지나가는 여인들이 주고받는다. "돌복숭아다. 참 오랜만에 본다. 그렇지?" 한다. 그들의 말을 듣고 이게 돌복숭아라고? 그런가? 했다.

여름철 뜨거운 햇볕을 받은 쪽은 빨갛게 익었다가 장맛비에 갈라진 틈새로 빗물이 들어가 복숭아는 썩어버린다. 그렇게 몇 년을 지난 후에 7~8월 2개월간 미국 여행을 다녀왔을 때다. 복숭아 열매가 다 떨어졌는데 가장 아래 햇볕 가려진 그늘에 몇 개가 달려 있는 것을 보고 나는 깜짝 놀랐다. 이게 돌복숭아가 아니지 않은가! 어른 주먹보다 큰 먹음직한 황도복숭아가 서너 개가 달렸다. 땅에 떨어진 몇 개의 복숭아가 썩어가고 있다.

그렇게 거듭나게 되면서 당도도 높고 맛있는 황도복숭아였다. 그 후부터 매년 복숭아나무에 이른 봄에 퇴비도 하고, 꽃이 지고 잎이 자라나오고 열매를 맺으면 진딧물 약을 치면서 관리를 해야 했다.

그 많이 달린 열매를 선별해서 따내는 일이 지금도 어렵다. 그뿐만이 아니다. 싹이 나오기 전에 필요 없는 가지를 잘라 내야하고, 어느 부분을 키우기 위해 어느 가지를 어떻게 잘라야 하는 것은 전문가의 몫인 것을 내던지다시피 하고 대충이다.

꽃이 피고 지면서부터 꽃을 솎아 따내고 어린 열매일 때부터 솎아내기를 거듭해야 하지만 나는 지금도 잘 모르겠다. 위를 향하고 달렸어도 튼실하고 가깝게 달려 있는 것이 없으니 그냥 둘까하여 봉지를 씌운다. 위를 향하고 달린 복숭아가 제대로 성장해 잘 익었는지는 모르겠다. 완전히 성숙해 수확기에 이르러서도 확인 못하고 지나친다.

복숭아나무에는 유난히 진딧물이 끼인다. 복숭아는 벌레도 잘 생긴다. 어렸을 적에 어른들이 하던 이야기를 기억하면 복숭아는 밤에 먹으란다. 벌레를 먹으면 미인이 된다고.

한 주부의 글 인터넷 달구다

- 장상진 기자가 올린 글을 읽고

해당 글을 읽어보면 본인의 일일 수도 있고, 남의 일을 본인의 일처럼 꾸몄을 수도 있는 그런 내용이다. 하지만 본인의 일이다 아니다 하는 진실의 문제가 아니라 우리네 가정에서 있을 수 있는 문제의 내용인 것은 틀림없다.

글은 자식의 입장에서 제기된 문제지만 그 글을 읽는 나는 부모의 입장이다.

부모를 모시는 문제로 불화를 겪는 가정이 어제오늘의 일이 아니다. 얼마 전에 부모를 모시는 일로 살해참극 사건도 있었으니 많은 가정이 안고 있는 이 문제는 모두 함께 해결해야할 숙제다.

대부분 경제적 능력이 없는 부모들 가정에 불화가 있다. 그런 부모일수록 넉넉지 않은 형편에서 허리띠 졸라매고 자식들

뒷바라지에 전부를 쏟아붓고 살아오면서 진액까지 소진해 껍데기뿐인데 말이다.

진액이 다 빠진 허깨비가 된 그 부모는 건드리기만 해도 그냥 바스러질까 조심스러운데 기대야 할 곳은 당연히 자식들이어야 한다.

어느 부모는 끝까지 자식에게 짐이 되지 않겠다고 병든 배우자와 동반자살을 택하기도 하는 현실인 요즘 세대들은 너무 개인주의적이라 결혼은 해도 시집은 모른다 싶다.

한 가정의 우선순위가 시어른이 아닌지는 이미 오래전의 일이다. 이를 두고 전 세대가 말하는 소위 근본을 말한다. '망할 놈의 집구석'이란 근본이 없는 가정을 두고 하는 말이다.

부모는 자식의 거울인 것이다. 내가 부모에게 어떻게 하느냐를 자식이 보고 배우게 하는 그것이 근본이 되는 교육이다.

인간의 근본은 사회생활에서도 중요하다. 어떤 방법이었는지는 알 수 없으나 꽤 명성을 얻은 지식인이었는가 싶었는데 불명예로 몰락하는 위인들이 바로 그런 경우가 아닐까 한다.

생각이 같지 않다는 것은 서로가 개성이 다른 환경에서 자라고 생활했기 때문인 것이다. 생각이 다르고 성격도 다르지만 악의적이지만 않다면 부부가 서로의 입장에서 생각하며 서로 대화를 갖고 의사소통을 하면 극단적인 문제까지 이르지는 않을 것이라 본다.

가정에 어려움으로 문제해결 방법을 찾지 못할 때, 혼자 힘으로 안 풀릴 때엔 부끄럽게 생각 말고 걱정거리를 풀어 놓고 여러 사람의 의견을 들어 보는 것도 좋겠고, 아니면 전문가의 도움을 얻도록 하는 방법도 있겠다. 내 문제를 털어 놓을 때는 나만의 주관적인 입장이 아닌 객관적으로 바라보면 절반은 해답이 나온다.

요즘 생활이 할 일도 많고 즐길 일도 많아 바쁜데 병든 부모에게 매인다는 것은 숨 막힐 만큼 부담을 느낄 수도 있겠지만, 경제력도 없고 건강하지도 못한 부모인 것은 나의 분복이요 숙명이라 받아들이면 마음이 조금 가벼울 것이다. 나도 늘 젊지만은 않을 것이라는 것을 염두에 두고 뇌이면서 말이다.

진정 힘든 것이 무엇인지 알까. 그 부모들은 자식 때문에 하고 싶고 즐기고 싶은 것 다 접고 온갖 험한 일 다 겪으며 오직 자식 잘되길 일구월심 기원하며 기르고 가르치느라 자신을 위하는 것이 무엇인지조차도 모른 채 살아온 가여운 삶을 살았다.

비 오는 날이면

비가 오면 새들은 종일 굶고 있을까.

간혹은 나무숲에서 새가 이 나무에서 저 나무로 우르르 건너 난다. 이른 아침 새들의 재잘댐이 그렇게 시끄럽지 않다.

보통은 참새들이 떼를 지어 몰려다닌다. 전에 살던 곳에서는 집 뜰에 날아오는 참새는 한 열 마리 내외였는데 이곳 여주로 이사한 집 뜰에는 새떼라 할 만큼 한 30여 마리는 좋게 돼 보인다.

그것들이 지금 짝을 찾는 시기인가 보다. 떼를 이루고 다니지 않는다. 네댓 쌍이 될까 한데도 한 마리가 한 마리를 향해서 주변을 맴돌면서 재잘거린다. 양 날개를 약간 아래로 내려뜨리고, 보면 구애를 하는 것이구나 하고 얼른 알아볼 수가 있다.

한낮에는 모래 목욕을 하고 수돗가에 있는 독 뚜껑에 담긴

물에 목욕을 하고 먹기도 한다. 나도 언젠가 여름날에 소나기를 피해 처마 밑에서 비를 피하다 좀 뜸하면 뛰어서 몇 집 더 가 다른 집 처마 밑에 들기도 했던 때를 생각하게 한다.

어느 날은 참새 떼, 십여 마리에 불과하니 떼라고 하기엔 그 수가 아주 적지만 그래도 날아드는 그것들이 반갑다. 어느 때는 지빠귀가 날아들고 할미새가 날아든다.

비가 올 때는 어느 숲에서 날개를 접고 있다가 비가 개이면 나무 아래로 우르르 찾아든다.

그러다간 제바람에 놀라 우르르 날아 낮은 나뭇가지에 내려앉곤 한다. 그리고는 누가 먼저랄 것도 없이 내려앉았다 날아오르는 동작이 가볍다.

열심히 무엇인가를 쪼아대지만 정작 먹이가 있을까 싶다. 닭 같으면 땅을 헤집으면 지렁이 같은 좋은 먹이 깜이 있는데. 나는 새이니 굶어죽었을 리 없는데 간혹은 죽어 있는 새를 발견한다.

또는 고양이도 이유 없이 토하고 시름시름 죽어간 것을 볼 때 어쩌면 독극물이 묻은 먹이를 먹어서 그럴 것이라 생각된다.

이런 상황이 사람에 의해서 그렇게 되지는 않았을까 하는 안쓰러운 마음이 든다.

뜰에 봄은 찾아오고

1.

남쪽보다 낮은 기온 탓에 좀 늦지만 그런들 어떠랴. 하지만 땅 밑에는 이미 봄은 와있음을 알려준다. 양지바른 곳엔 새싹들이 나 여기 있다며 인사를 한다. 누가 먼저라 할 것 없이 부지런히 뒤를 따르며 싱긋 손을 내민다.

땅바닥에 깔려서 옹기종기 어깨를 겯고 더러는 목을 길게 뽑거나 발돋움하기도 하고. 따사로운 햇살과 아름다운 정경에 위안을 얻었으니 그것에 이름들을 일일이 부르지 않으련다.

봄은 더욱 가까워 오니 힘을 내 왕성한 번식력이지만 난폭함은 없으니 어찌 귀찮다 하랴. 아우성도 없다 앞서거니 뒤따르며 더러는 꽃봉오리를 이미 품고 나온다.

키 작은 풀꽃의 살랑대는 몸짓을 내려다보듯 개나리꽃 한 무리 노랗게 피고 나면 뒤따라 경쟁하듯 봄꽃들의 잔치가 성황을 이룬다. 꽃향기가 바람에 실려 오면 연분홍색 살구, 봉숭아꽃이 피고 벌들의 축하연으로 봄은 절정에 이른다.

길지 않은 봄 나날을 흐드러지게 그 헤픈 웃음꽃도 지금이 한 때인 것을 봄은 숨김없이 모두를 보였고 주었다. 결실은 오는 계절의 몫이라 일러주는 것을 잊지 않으니. 이 계절 덩달아 그들과 함께 들뜬 마음 되어 화려한 봄을 노래할까 한다.

2.

뜰 한 곳을 자리한 매실나무 한 그루. 나는 설중매를 그린다. 꽃이 핀 가지에 눈이 내려앉은 그런 화폭의 풍경을. 매화나무는 금년에 처음으로 꽃망울이 맺었다. 유실수를 심고는 열매보다 꽃을 더 기다렸다.

그런데 이 매화나무는 유난하게도 병충해를 심하게 겪었다. 내리 4년을 새싹이 나오면서 생겨나는 병은 가지의 잎사귀모두를 오그라들게 한다. 그 흉한 것을 잘라 내면 그 옆에서 다시 새움이 밀고 나오지만, 그 가지 역시 잎사귀가 나풀거릴 만큼 자라면 병이 든다.

그렇게 병치레를 하느라 나무는 자라지를 못했다. 어떻게 방제를 해야 하는지 몰라서 안타까웠고 속상했다. 하지만 그저 바라만 볼 뿐이었는데, 예년과는 달리 꽃망울을 맺었다. 아무것도 한 것이 없는데 고맙고 이렇게 반가울 수가. 보기만 해도 앙증스러운 나무에 꽃망울이 맺어 있더니 며칠 사이에 꽃이 활짝 피어 있다. 벌들이 날아와 분주히 작업을 하고 있다.

이것으로 요즘 나는 매일 즐거워하며 지낸다. 조금 거리를 둔 곳의 라일락이 좀 늦게 꽃을 터트릴 순서를 기다리고 있다.

뒤뜰에는 조밥꽃나무가 한 무리를 이루고 있고, 훌쩍 커버린 살구나무 꽃망울이 금방이라도 터질 듯 부풀어 있다.

이것들의 흐드러진 듯 왁자한 웃음을 기다린다. 조금은 헤프지만 조금도 천박하지는 않는 꽃, 이 꽃들이 화들짝 수다스러운 웃음 흘리면 그들과 함께 덩달아 들뜬 마음 되어 화려한 봄을 마음껏 즐길 것이다.

봄은 앞뜰과 뒤뜰에 가득 펼쳐 있다.

장에 나가면 모종 몇 종을 사다 심어야 하는 것이 시골생활이다. 가장 먼저 쌈 거리 몇 종, 가지랑 호박종류는 애호박만 심을까 한다. 서울서 생활하던 한때는 호박죽을 좋아해서 가락동 시장에 가서 그 큰 맷돌호박을 5통이 씩 사서 실어다 놓고 큰 들통에 호박죽을 끓여서는 이웃에 나누어 주면서 먹었다. 내가 좋아하니 남들도 좋아할 줄 알고 이웃에 돌렸다.

나이가 들면서 식성도 변한다. 지금은 호박죽 그렇게 먹고 싶은 생각이 없으니 맷돌호박은 심지도 않고 애호박만 심었다. 부침을 해먹고, 건조기에 말려두면 누구에게 주기도 좋다.

아직은 모종을 사오기엔 이른 시기인데 마음은 분주하다.

나는 전쟁 중이다

더워 짜증스러운데 별 것이다 신경 쓰이게 한다.

전쟁을 벌이고 있는 것이 며칠째인가 꼬박 일주일인 지금 눈에 띄지 않는다고 마음을 놓을 수 있을까 싶다.

아직 끝나지 않았다고 생각한다. 계속 돌아다니는 정탐꾼으로 하여 마음을 놓을 수가 없다.

그것들도 탐색에는 팀이나 조를 이루고 있음을 본다.

지난번 비가 오기 전 너무 더워서 뒷 베란다 쪽 주방문을 열어 놓고는 쓰레기통에 음식물 딱은 휴지를 그냥 던져 바닥에 떨어졌는데 주워 담지 않고 뒀던 것에 개미가 꼬이게 한 빌미가 되었고, 그렇게 문지방을 넘어온 개미가 주방에 들어오는 길을 텄다.

그렇게 길을 튼 개미는 처음에는 몇 마리씩 조(?)가 되어서 정탐하고 돌아다녔을 것이다. 개미란 곤충이 단것을 무척 좋아하는 것을 깜빡했다. 한 2, 3일은 방심했나 보다.

그렇게 며칠이 지난 아침 주방바닥에 열 지어 오고가는 개미군단의 일사불란한 대열을 보고 "이게 뭔 일이고." 손가락으로 눌러 잡으니 미끈한다. 웬 물? 의아스러워 개미가 오고가는 곳으로 시선이 따라가니 이미 꿀단지에 새까맣게 꼬여 있다. 미물들이 어찌 그리 죽기 살기다. 꿀단지에는 이미 많은 개미익사체로 새까맣다. 나는 개미라는 이 작은 미물한테 된통 당하고 있는 판이다.

여러 해를 두고 어린아이가 없으니 과자부스러기 같은 것을 흘리지 않았고 개미가 꼬여들지 않는 것에 내심 룰루랄라였다.

뒷 다용도실에는 개미가 있는 것쯤은 우리 '아지(집에 키우는 강아지 이름)' 사료 때문일 거라고 신경도 안 썼다.

그랬던 것이 개미가 싱크대 위에 한두 마리 눈에 뜨일 때 주의를 했어야 했는데, 생각하면 내가 얼마나 아둔한지 싱크대 위에 둔 꿀은 신경도 안 썼다.

그 꿀병에서 흘러내린 꿀이 묻어 있을 것이고, 그리고 자주 여닫는 것이라 슬쩍하니 닫아 두었던 것이다.

처음 몇 마리를 보았을 때 별 심각하게 생각을 안 했다. 뭐 그러다 말겠지. 돌아다녀 봐야 뭘 먹게 있을라고 하며 가볍게 생각했다. 그런데 그게 아니다. 끊임없이 탐색하고 공략하면 그들 입장에서는 목표를 이룬 것이다. 당하는 쪽에서는 늘 허술하고 틈새인 빌미를 주었으면서도 가볍게 여겼다. 깔보았던 그것으로 지금 큰 코 다치고 있다.

옛말 그릇된 말없다. 설마로 하여 내가 호되게 당하고 있다. 왜 그것에서 북한이 한국의 꿀단지에 꼬여드는 개미로 비교되는 것은 웬일일까.

지금 극단조치로 원천을 차단했지만, 길목이 차단된 그 안에 이미 들어와 있는 것은 우왕좌왕 헤매면서 죽기 살기로 정탐을 포기하지 않는다. 살기 위한 탈출은 없다.

그것들은 나름대로의 생활 질서에 대 혼란을 겪고 있다. 달콤한 꿀에 유혹되어 이끌려서 천지가 흔들리는 일을 겪었으면서도 포기하지 않고 기회를 찾는 정탐은 중단 없이 최선을 다하고 있다. 그 증거가 또 다른 곳인 식탁 위의 꿀을 찾아 꼬여드는데 성공했다.

그것들의 일생을 알아보면, 알에서 성충까지의 기간이 38~45일이라 한다. 수많은 개미종이 있어 종류에 따라 다르겠지만, 수명이 1~2년이라니 그 작은 몸으로 쉼 없이 일을 하는 것으로 봐서 명이 길다. 거기다 여왕개미의 수명은 7~10년이라니 참 놀랍다.

개미가 일렬로 다니는 것도 '페르몬'이라는 화학물질을 묻어 있어서라 한다. 그것들이 드나드는 길에 극단의 처방으로 쓴 약은 가루약인데 그 약의 앞에까지 와서야 물러난다. 가루를 뒤집어써도 죽지 않고, 요소요소에 그 약을 솔솔 뿌려 두면 접근을 않는다.

통행로가 막혔으니 사방으로 흩어져 헤매고 다닌다. 그리고 더러는 벽으로 올라 진행을 하기도 하지만 분명 대 혼란을 겪고 있음이다.

저것들처럼 각기 분담된 일에 사력을 다 하고 있다. 정탐을 하고, 땅을 파 집을 짓고 넓히고, 알을 보살피고, 번데기를 관리하며 먹이를 운반하는 맡은 일에 충실할 뿐이다.

그것이 사람에게 피해가 되고 해를 끼치는 일인지 아닌지 그것들은 맡은 일에 최선을 다하며 일생을 보낸다. 그것들의 노력이 아무리 감탄 할 일이라 해도 바닥에 싱크대 위에 그것들은 미친 듯이 싱크대와 식탁이며, 찬장 밑의 철 선반에까지 빨빨거리고 쏘다닌다.

정말 정신 어지럽고 혐오감으로 오싹 한다. 그것들은 길을 차단당하고도 포기란 없다. 정탐은 또 새로운 길을 개발하고 또 다른 곳에 둔 꿀을 찾아 꼬여들었다. '악~' 나는 그 수에 소름이 끼친다. 처음 몇 마리쯤이야 하는 방심한 것이 이렇게 큰 잘못이었다.

그것들은 밤낮도 없이 활발한 활동이다. 남을 배려할 줄 모르고 그 욕심 많고 이것저것 가리지 않는 인간을 버러지 같은 인간이라 욕을 한다. 바로 이거들을 두고 하는 말이 구나 싶다. 먹고살고 남는데도 끝없이 탐하는 욕심이….

욕심이 많은 것은 벌도 마찬가지다. 벌은 자신들이 먹고 남는 것은 사람에게 빼앗기고 나면, 다시 기를 쓰고 더욱 열심히 일을 하는 벌이다. 벌이나 개미가 게으름을 부리지 않는 것은 똑같다. 그래도 벌은 잠은 자면서 일을 하는 것이 개미와 다르다.

꿀병에 익사체 무더기를 어떻게 처리를 해야 하나. 이 아까운 꿀을….

꿀병이 4개가 있다. 하나는 조리용으로 농협에서 산 아까시 꿀인데 얼마큼 믿어야 할까. 다음 하나는 제주서 온 유채 꿀인데 이웃이 친지가 보내주었다는 것을 내게 선물로 주었다. 그래서 믿을 만 하다. 다음 작은 병 둘은 병은 작지만 200% 믿는 것이다. 영업으로 양봉을 하는 분이 아닌, 가족 친지가 나눠먹으려 취미로 벌을 치는 분으로 그 순수함이 100이고, 그것을 나누어준 고마운 마음이 100이다. 그래서 정말 약용으로 쓸 만큼 아끼는 것을, 고약한 개미란 것이.

그렇게 귀한 것이거늘…. 꿀벌들이 작업을 하는 과정을 따져 본다면 한 숟가락 꿀을 작업하려면 얼마를 날라야 하는가를 생각하면 가슴이 아려온다.

나를 울리는 추억

이 봄에 나는 그만 울고 말았노라.

춘삼월 봄은 해는 길다. 쪼그리고 앉은 등에 따뜻한 햇볕을 업고는 쑥을 뜯고 있으려니 옛 생각이 가슴을 헤집고 나온다.

옛날 나 어릴 적에는 봄이면 해는 길고 먹을 것은 지금처럼 흔치 않았던 그때를 말해 춘궁이라 했던 시절의 계절. 지금의 아이들은 춘궁이란 단어를 알기나 할까 싶다.

8·15해방 전후, 6·25전란 후 대부분의 많은 가정이 궁핍한 생활을 했다. 그 시절에는 살림이 좀 여유가 있는 가정에서도 씀씀이를 풍덩풍덩 헤프게 살지 않았다.

현재의 생활을 어찌 그 시절과 비교를 할까만 생활 자체가 분명 과소비가 아니더라도 먹을거리가 넘친다. 먹을거리뿐인가 어느 것 한 가지 귀한 것이 없는 생활환경이다.

내 살림을 들치고 둘러봐라 생활함에 있어 부족한 것이 없다. 사람이 사는데 '의식주'가 첫째로 중요한 것으로 의식문제가 걱정 없고 병든 몸이 아니면 잘 사는 것이 맞다.

사시사철 야채과일이 널브러져 있는 마트의 판매대엔 없는 것이 없다. 그러데 왜 지난날의 궁핍하고 어려웠던 시절이 가끔씩 생각나는지 모르겠다.

푸성귀는 아직 나지 않은 이른 봄, 먹을 것은 많지 않은 계절이었지만 저장한 밑반찬으로 입맛을 돋우는 식생활은 영양적으로 부족할 수밖에 없는 생활이면서 자칫하면 입맛을 잃기 쉬운 계절이다. 그러다가 기운을 잃게도 되면 병을 앓게도 된다. 그러하면 어른들은 핀잔을 한다. 밥맛이 없다면 호강스러운 짓이라며, 먹을 것이 없어 못 먹는 판에 입맛이 없다는 것이 그렇다는 것이다

요즘의 나는 며칠간을 식욕을 잃어 먹은 것이 없다. 무얼 먹고 싶은 것도 없을 뿐 아니라 안 먹어도 배가 고프지도 않다. 특별히 이렇다 할 증상도 없으면서 여러 날을 그렇게 지냈다.

냉장고를 열어보면 냉장실과 냉동실이 꽉 들어차 있다. 무엇을 먹을까, 이것도 저것도 먹고 싶은 뜻이 없다. 그렇게 며칠을 재대로 먹은 것이 없고 보니 볕이 반갑다.

눈부신 햇빛을 등에 업고 걷다가 밭둑에 쑥이 돋아나 있어 반갑다. 주춤거리다가 앉아 쑥을 엄지검지 두 손가락 손톱으

로 똑똑 뜯어 한쪽 손아귀 가득 움켜지고 나니 어린 시절 추억 속으로 빠져 들어간다.

다음 눈물이 왈칵 나온다. 그 시절 춘궁에 이 쑥 한줌이 얼마나 큰 역할을 했던가. 아직 보리쌀은 나오기 전이었고 쌀독 쌀은 근 바닥에 다다랐으니 쌀을 최대한 절약해야 했던 그때 쑥이 큰 역할을 했었다. 쌀을 밥솥에 안쳐 놓고 씻은 쑥 넣고 밥을 짓는다. 할아버지 할머니 진지에는 조금 섞고, 그리고는 훌훌 섞어 식구들 밥그릇에 퍼 담는다. 쑥이 쌀보다 많은 쑥밥이다. 향기가 좋다. 참기름이 들어간 양념장에 쓱쓱 비벼 맛있게 먹었던 기억을 하니 쑥밥이 먹고 싶다.

지금 생각하면 그런 것이 건강식이었다. 하지만 쑥밥은 해지지 않고 쑥국을 끓였다. 쌀뜨물을 받아서 멸치 몇 마리 넣어 낸 국물에 된장을 약간 풀고 맛과 간을 맞추니 옛 맛이 난다. 옛 추억에 밥 한술 말아 목에 넘기며 그렇게 한 끼니를 때웠는데 왜 가슴에서는 그리움이 눈물 되어 젖어온다.

꽃샘추위

꽃샘추위로 이른 아침에는 살얼음이 살짝 얼어 있고 옷깃을 여미게 하지만 임은 주변에 와 있음을 느낀다. 나뭇가지는 물이 오른 것을 느끼게 하고, 땅에는 새로운 싹이 고개를 들고 나온다. 며칠 전까지도 꽤나 많은 눈이 쌓이도록 왔다. 그래서 임이 멀리 있어 보였는데 바로 대문 앞에 와서 서성인다.

낮과 밤의 일교차가 심한데 여기저기서 수줍음 가득 머금고 새싹을 틔우려고 빨쯔럼이 실눈을 뜨고 내밀며, 더러는 고개를 활짝 쳐든 채 미소를 보낸다. 그래 반갑다며 그동안 변덕이 심한 바람에 시달림도 겪었겠지만 추위를 잘 이겨냈던 보람이 헛되지 않아 이렇게 맞이할 수 있어 행복한 소생에 서로가 반색하며 반기는 그들을 나는 마중한다.

봄은 저 멀리 땅 끝에서 구름에 묻어온 것일까. 골짜기로부터 바람을 타고 내려 오셨나.

양지쪽 비닐하우스 모서리엔 어느 잡초보다 더 일찍 봄 인사를 하는 제비꽃, 민들레다. 제비꽃과 민들레는 가장 먼저 봄 인사를 한다. 새순이 나풀거릴 때면 꽃봉오리도 고개를 내미는 인사에 너무 반가워 두 팔 벌려 가슴 가득 끌어안고 싶다.

앞뜰 뒤뜰에 펼쳐지는 봄, 왈칵 끌어안아 볼까나. 안아도 내 가슴은 내 품은 너무 작아 차라리 그대 품에 내가 풍덩 뛰어들리라.

새가 되고 나비가 되어 종횡무진 그대 품에서 누릴 수 있는 감격은 한정된 거리에 두고, 더 이상은 기다리지 않은 봄, 어김없이 찾아와 준 봄, 그대로 하여 내 이렇게 가슴 벅찬 기쁨을 가득 채워준 임을 사랑한 향기 가득히 온 누리에 퍼져나고 있다.

우리는 잿빛 겨울이 물러 가고나면 그대 님이 틀림없이 올 것이라 철석같이 믿었다. 임의 약속은 어느 문서로 공증 받지 않았어도, 그보다 더 확실하게 밑을 수 있었던 것은 오직 자연의 절대 불변인 순환법칙이기 때문입니다. 임이 오면 만물이 소생을 할 것이고 생기는 승천하니 싹이 돋고 꽃을 피울 것이라고 그렇게 자공전의 법칙에 따라 임은 돌아와 주었다.

이제 임의 궁전을 찬란하게 빛낼 꽃들은 흐드러져 헤픈 웃음을 날려도 천박하지 않는 것은 무엇과도 비교가 안 되는 진실이 있기 때문입니다. 꽃가지에 새들이 재잘댐이 수다스럽다 한들 또한 천박하지 않는 것은 소박하고 순수함의 자연의 진리이기 때문입니다.

4.

기쁜 오늘

자연과 벗을 하며

내가 자연을 좋아하는 것은 오늘이 지나면 다시 오늘이 있기 때문이다.

그렇게 하루가 지나면 그렇게 또 하루하루가 달을 채우고, 해를 채워 넘긴다.

거듭 거듭된 하루가 한 달을 포개 놓으면 백날요, 그 백날이 열 곱을 하여, 천 날이 되며, 다시 만날을 차곡차곡 깔고 살아간다. 그러기 위해 다시 오늘을 시작되는 아침을 가슴을 활짝 열고 맞아 안는다.

현관문을 나서면 상쾌한 공기가 나를 반긴다. 아침을 밝히려고 오늘이 밤새워 달려 왔을 것을 나는 안다. 나는 아무 준비 없이도 가슴으로 오늘아침을 반길 수 있다.

이른 아침 나뭇잎 끝에 맺힌 이슬은 햇빛을 받아 보석처럼 아름다운 빛을 낸다. 키 작은 나뭇가지에는 참새가 날고, 까

치는 멀찍이 높은 나뭇가지가 아니면 전깃줄에 앉아 나를 내려다보며 인사하는 것이라 느껴진다.

물안개 자욱한 강가에 혼자 조용히 걷는 것을 즐기면서 이런저런 일을 잊을 수 있어 참 좋다. 한결같이 환영하듯 팔을 벌려 맞아주는 강바람이 벗이 되어 참 좋다.

무수히 밟히는 잡초면 어떻고 누구의 시선에도 들지 못한 풀꽃이면 어떠하냐. 발길에 채는 돌멩이까지도 나를 반기듯 즐거움은 마음을 깊이 파고든다.

차이고 밟히는 그 많은 상처를 입었으면서도 거부하지 않는 그것들에 아린 마음으로 어루만지며 내 눈길 한번 보내는 것이 전부다.

나는 비 오는 날의 우울한 기분을 나눌 수 있는 벗이 되고, 비 오는 날 강가를 걷는 날이면 우산을 받치고 어깨를 감싸며 걷는다.

비에 젖은 머리칼을 이마에서 걷어주는 바람 있어 좋다. 어깨를 가볍게 감싸 안아 주는 넓은 자연의 품에서 고스란히 내 맡긴 채 나와 함께 할 수 있는 오늘이 참 좋다.

봄이면 봄인 대로 저마다 모습을 달리한 꽃들이 있는 오솔길을 걸을 때 벗되니 좋다.

길가의 보라색 제비꽃이 그러하고, 노랗게 꽃을 피운 민들레가 그리움처럼 다가와 좋다.

거친 손길에 멍들까 조심스러운 백목련의 꽃봉오리가 반겨주고, 함박웃음 피운 겁없이 대담한 목단 꽃에 넋을 놓아버렸고, 치맛자락 펼쳐 나부끼듯 흐드러진 벚꽃 헤픈 웃음이 만만해 좋다.

여름이면 여름인 대로 꽃이 지고 나른해질 때 연둣빛 신록이 꽃보다 아름다움을 알게 했고, 위를 행해 솟구치는 겁 모르는 짙푸름이 두려움 없는 그 도도함이 참 좋다.

골짜기에 숨어있는 오솔길을 찾아들 때 맞아주는 꾀꼬리가 있고 계곡에 묻혀 있는 바위에 부딪치며 휘돌아 돌돌거리는 맑은 물에 발 담그고, 바람은 산자락을 휘감고 돌아 구름을 쫓으니 해 저무는 줄 몰랐어도 좋다.

눈 오는 날이면 황홀한 마음이어서 나는 참 좋다. 눈이 내 머리에서 어깨에 쌓이도록 맞으며 걷는 것이 좋다.

나무마다 나뭇가지마다 소복 소복이 쌓인 눈이 폭신폭신해 걷기를 즐긴다. 쌓인 눈길엔 걸음마다 뽀드득 뽀드득 속삭임이 따라오는 벗과 함께 함이라하여 나는 참 좋다.

순환의 법칙은 천태만상이라 꽃피고 지고, 잎이 나고 우거지며 만산에 홍엽(紅葉)인 채 자연의 순리에 순응한다.

바람이 불어오지도 않는데 낙엽은 우수수지고 떨어져 내릴 때 내 서늘해지는 가슴에는 눈물도 흐른다.

가슴이 텅 빈 어두운 동굴이고, 가슴 시린 뒤안길을 돌아가서 어디 만큼에 내가 서 있다.

칠흑 같은 이 밤, 별은 더욱 빛나 있고, 낙엽은 바람에 뒹구는 이 길을 나는 위로를 받기에 즐겨 걷는다.

하루하루가 쌓여져 한 해를 묶어서 보내는 마지막 날. 나는 하루하루를 숨 가쁘게 지내버린 한 해를 미움 없이 보낼 수 있어 좋다.

뒤돌아보면서 아쉽고 허전한 마음을 나눌 벗인 자연과 함께여서 위안을 얻게 되어 나는 참 좋다.

그래서 나는 또 새해를 맞는 것이 새로운 기대로 가슴 설렐 수 있는 것 모두가 내 곁에는 늘 자연이란 벗이 있어 참 좋다. 한 해를 보내면서 고마움과 기쁜 마음으로 감사해 할 줄 아는 마음을 알게 해준 세월을 함께하며 내일을 기다릴 수 있어 참 좋다.

그곳 러시아 여행

러시아 여행을 한 지 1년 후에 내 그림이 러시아에 전시를 위해 떠났다. 2007년 페테르부르크 레핀 아카데미에서 있게 된 한·러 교류전에 참가한 것이다. 지금은 우크라이나와의 전쟁인 한창인 러시아엘 여행하고 온 지가 15년이 넘었으니 옛날이야기가 될 듯하다.

러시아, '구소련' 참으로 멀게만 느꼈던 나라다. 거리가 유럽이나 구미보다 가까우면서도 이념의 벽은 그렇게 멀고 쉽게 갈 수 없는 곳이었다. 아직도 동족이라고 하면서도 쉽게 갈 수 없는 곳이면서 더 멀게 느껴지는 북한이 있긴 하지만 다시 생각해도 구소련, 러시아 여행은 어느 여행보다 참으로 가슴 설레게 한 여행이었다.

꼭 한번은 가보고 싶었던 곳 '나라'다. 그리고 시베리아 횡단열차를 타 보고 싶었고 바이칼호수를 보고 싶은 바람이었던 것이다. 광활한 시베리아 벌판을 겨우 30시간을 횡단열차로 지나면서 시베리아를 다 봤다 할 수는 없다. 바이칼호수에서 유람선을 탄다는 것은 내 생애에 더 없이 황홀한 여행이었다.

여행복이 없으면 좀처럼 쾌청한 날씨를 만나기 어렵다 했지만 그날은 쾌청하여 바이칼호수는 얼음처럼 투명하였다. 시베리아 벌판이 설월이었고, 차창 밖으로 흰 눈이 펄펄 날렸다면 또 얼마나 낭만적이고 좋았을까, 하지만 그런 낭만적이고 꿈같은 계절이 아니었다 해도 그래도 충분히 만족할 만한 여행이었다.

시베리아 횡단열차의 차창에 성에가 하얗게 끼어 입김을 불어 녹여서 내다본 바깥 풍경은 쌓인 눈밭에 도열한 병정처럼 서 있는 자작나무 숲을 무릎까지 빠지며 걷는 영화 '닥터지바고'를 떠오르게 했지만, 설원도 아니었고, 차창엔 성에가 얼어 있지 않은 계절인 여름여행은 푸른 들판을 달린다.

러시아 횡단열차는 블라디보스톡에서 시작하여 모스크바까지 철로의 총길이가 9.466㎞로 경부선의 20배에 달한다. 밤낮으로 7일간을 간다.

그런 거리를 우리 일행은 첫 기착지인 이르쿠츠크에서 노보시비르스크까지 열차로 30여 시간의 승차로 낮과 밤을 지나고 겪으며 시베리아 횡단열차에 승차해 맛과 분위기를 조금 느껴 봤다.

장거리 열차가 돼서 승객을 위한 객실은 침대칸으로 2인실과 4인 실로 되어있다. 4인실은 2층 침대로 돼있어 가족이나 친한 관계가 아니면 함께 쓸 수 없을 것 같다.

객차는 영화에서 보던 것처럼 그렇게 멋지고 쾌적한 환경은 아니었다.

칙칙하고 노후한 열차는 차창도 잘 열리고 닫히지 않는다. 낮에는 차창을 내려 시베리아 바깥풍경을 보면서 머리칼을 날리며 얼굴에 바람을 쐰다.

열차가 지나는 간이역 주변과 멀리 보이는 평원에는 도시와 달리 낡아 허름한 집들에는 어떤 사람이 살고 있는지 인적도 느껴지지 않는다.

그동안 사회주의국가로 계급 없는 평등을 내세운 공산치하에서 농촌은 유럽의 어느 도시에 비하면 오랜 세월을 가난을 겪었음을 읽을 수 있다.

도시와 농촌의 격차가 너무 심하다. 어느 사회든지 우열이 있고 빈부는 어쩔 수 없는 자연현상일 것이다.

달리는 열차는 밤엔 바람이 차다 창문을 올리고 내릴 때마다 승무원의 도움을 받아야 했다. 그러지 않고는 열차 문을 올려 닫을 수가 없다.

밤이 되자 승무원은 담요와 베개덮개를 가져다준다. 여름철인 8월인데도 밤 시간은 춥다.

담요들은 새것은 아니지만 세탁은 되어 있는 듯했고, 기후 때문인지는 몰라도 별다른 냄새는 나지 않았는데도 그래도 께끄름한 느낌에 사용을 안 했다. 그럴 것을 생각하고 준비해간 솜과 겨울 잠바를 꺼내 덮었다.

러시아에서는 찬물은 허드렛물은 물론이고 먹는 물까지도 얻기가 어렵다고 여행 안내인이 일러준다. 하지만 더운 물은 어느 곳에서나 얻어 쓸 수 있게 준비가 돼 있는 곳이 러시아라에서만의 생활특성이다.

바이칼호수의 질 좋은 많은 물이 많이 있다. 하지만, 집까지 물을 운반한다는 것은 그만큼 힘들고 어렵다는 것을 말해주는 것이다.

바이칼호수 주변 마을에는 마을마다 공동우물이 있다. 뚜껑을 여닫으며 두레박으로 퍼 올려 물 길어다 쓴다. 극한에 우리가 상상하는 이상으로 눈이 많이 쌓이고, 영하 45도를 밑도는 혹한에서 물을 길어 오는 일이 얼마나 힘들고 어려운지는 찬물이 더욱 귀해서 그렇겠다고 짐작한다.

하지만 겨울에는 어느 곳에서나 더운 물은 얻어먹고 쓸 수 있는 곳이 러시아다. 예전의 생활습성이 지금까지 지속되고 있다 혹독한 추위 속에서 살아가는 사람들로써는 더운 물은 생명을 구하는 그런 고마운 존재이며 뜨거운 물을 베푸는 것에 인색할 수 없는 인도주의적이고 생활문화일 것이다.

여름보다 긴 겨울 생활에서 실내는 늘 난로에 불을 지피고 있으니 난로위에는 물 주전자를 올려놔 사방에 쌓이고 덮여 있는 눈을 퍼다 녹여 생활용수로 쓰였을 더운 물은 나누어 쓰고 베풀고 이용할 수 있는 것이 또한 추운 곳에서 러시아인 생활인습에서일 것이다. 열차에도 예외는 아닌 만큼 뜨거운 물이 준비돼 있어서 요즘 횡단열차여행에서 일회용 커피나 컵라면으로 간단한 끼니 해결에 제격이다.

지금은 러시아횡단 열차가 러시아의 인기 있는 관광코스가 되고 있다.(러시아여행을 수필 한 편으로 쓸 수 있는 게 아니다. 한 권의 책을 쓰고도 남을 만한 여행이다.)

기쁜 오늘

봄날에 연둣빛 신록이 우거진 것만으로 꽃처럼 아름답다.

이런 순간을 맞는 것은 흔치 않은 아주 드문 일이다. 자연환경을 마음껏 즐기며 신록의 터널을 이룬 고개를 굽이굽이 돌아 갈 때면 내리 쬐이는 햇빛으로 여린 잎사귀들은 더욱 해맑아 눈부시다. 남한산성을 오랫동안 넘나들면서 즐겨 다녔지만 매번 오늘만의 선물인 듯한 느껴지는 마음이다. 그래서 나는 이곳을 즐기며 넘어 다닌다.

오늘처럼 쾌청한 날이면 즐거워 콧노래를 흥얼대며 기분이 상쾌하다. 거기다 덤까지 주니 웬 횡재인가 싶다. 이렇게 기쁘고 반가운 순간을 만나는 일이 흔치않다.

깃털이 참 곱고 예쁜 한 마리 '장끼(수꿩)'가 연녹색 풀숲이 우거진 숲을 벗어나 차도 옆까지 나와 두리번거린다. 지나는 차들에는 경계심이나 두려움이 없이 이런 환경에 적응이 된

듯 여유까지 있어 보인다. 주변이 온통 녹색으로 덮여 있는데 그 화려한 색은 눈에 확 들어왔다. 이렇게 반갑고 기쁨을 안겨 주다니.

검은 아스콘으로 포장된 차도를 제외하고는 모두가 연둣빛 신록은 차량들이 바람을 일으키며 스쳐감에도 가는 객을 맞고 보내느라 바쁘게 머리를 숙이며 손을 흔들어 너울대느라 바쁘다.

나는 서울을 오갈 때 이곳을 즐겨 이용한다. 고속도로는 스치는 강한 바람과 매연, 소음으로 차창을 열 수 없지만, 이곳을 지날 때만은 유일하게 차창을 열어 놓을 수 있어서다.

오래전부터 도시에서 차창을 열고 다닐 수 없는 형편인데 이곳에서만은 마음 놓고 차창을 열고 운행할 수 있어서 나는 이 길을 즐겨 이젠 습관처럼 돼 버렸다.

벚꽃이 필 때는 꽃구름 같은 황홀함 그 자체로 가슴 두근거리게 하는 곳이다. 꽃이 질 때는 꽃비를 맞으며, 그 황홀함도 한순간에 지나지 않는다는 진리를 알게 하였고. 무엇에의 애착은 더더욱 덧없는 것임을 일깨워 준다. 녹음이 우거져 있는 계절에는 물결이 출렁이는 바다에 뛰어들 듯이 삶에 무한한 용기가 샘솟게 하였다.

자욱한 안개 속에 들 때는 긴장하면서 미지의 세계로 빠져드는 듯 신비롭고 두려움과 설렘이 얽히게 하는 곳이다. 그런 오늘 또 다른 기쁨을 안겨주는 아름다운 풍경은 이 길을 사랑하는 데 대한 보상인가 싶다.

요즘 시쳇말로 오늘은 기분 '짱'이다. 사방이 윤기가 자르르 흐르는 5월의 신록, 열여섯 살 순정 같은 수줍음으로 일렁이고 있는 이곳은 지날 때마다 매번 다른 풍경으로 객을 맞는다.

이 자연 속의 주인인 그가 또 다른 풍경으로 아름다움을 보여준다. 산과 들에 꽃이 피고 새가 있는 것이 너무나도 당연한 일인데도 가슴이 뭉클하도록 기쁜 것은 마치 나를 마중하는 듯해서다.

내가 사는 마을에서 꿩이 나는 것을 흔히 보았지만 으레 있는 곳에 있기에 그러려니 하지만 남한산성 차도 변에 나와 있다는 것은 뜻밖이라 더욱 반갑다.

어느 한 곳인들 조용히 포란할 수 있을까. 곳곳을 헤집고 다니는 사람의 발길은 그들의 번식에 방해가 될 터인데도 그러한 곳에 의연한 모습으로 나타난 그가 이렇게 반가울 수가 없다.

과학이 아무리 발달하여 유전자를 조작변형하고 사람의 생명까지도 좌지우지하며, 환경을 조작하여 동식물들을 마음대로 재배육성 하는 세상에 살지만, 천재지변을 당하고 보면 연약하기 이를 데 없는 것이 인간이다.

또한 자연을 좋아하면서 그 자연 그대로를 내버려두지는 않는 것이 인간이다. 생활은 풍요롭고 편리하게 해주는 것이 늘면 늘수록 상대적으로 공해물질은 늘어나고 따라서 산과 바다는 자연 그대로가 아닌 훼손된 환경으로 생태계에 타격을 입게 되니 보존해야할 책임이 있는 우리는 그 중요성을 아무리 강조해도 부족하기만 하다.

그래도 아직이라 할까. 오늘 장끼모습을 볼 수 있지만, 언제 그마저 볼 수 없게 되지는 않을지….

금년도 저물어

우리는 격월로 갖는 모임이면서 한 해의 마지막으로 송년모임이 되었다.

한 해의 마지막이라는 아쉬움으로 서로의 마음을 조금이나마 위안이 되었으면 하는 만남이다.

기다리는 사람도 없는 집이면서, 늦었고 무어라 할 사람이 없는데도 날이 저물면 돌아오는 습관으로 오늘도 그렇게 먼저 자리에서 일어나 집으로 왔다.

집에 들어와서야 생각하니 오랜만에 만난 자리인데, 좀 더 시간을 같이 했더라면 하는 마음이다. 쓸데없는 이야기면 어떠한가, 사람 사는 이야기가 다 그런 것을…. 내가 언제나 그랬던 것처럼 중간 중간 고개를 끄덕여 주어 열심히 듣고 있다는 성의를 보이는 것만으로도 분위기가 지속되어 좋았을 자리다.

우리 일행은 점심을 먹은 식당에서 후식으로 내온 과일 한

쪽씩, 커피거나 현미차를 마셔가며 웬만큼 할 이야기들은 다 했는데, 듣고 싶은 이야기도 들을 만큼 들었다싶다. 하지만 자리에서 일어나려고 하지를 않는 것은 좀 더 같이 있고 싶어 하는 마음인 것을 알 수 있다. 식당종업원들도 어서 상을 치워야 다음 일을 준비해야 할 것이라 자리를 비워 주었으면 하는 눈치를 보인다. 그런 눈치를 챘으면서도 뭉그적대는 것은 헤어지기 아쉬워하는 마음들이다. 모두가 그런 마음들이면 다른 곳으로 자리를 옮겨도 됐을 것을, 그런 그네들의 마음 다 읽었으면서 나는 오늘도 서둘러 집으로 왔다.

우리는 참으로 격의 없는 관계다. 더 중요하고 못다 한 이야기가 있어서가 아닌, 단순히 헤어짐의 아쉬움으로 머뭇거릴 때는 누구 한 사람이 먼저 움직이는 것으로 결정되어지는 것이다.

요즘은 그냥 찻집은 없으니 분위기 좋은 카페에라도 가서 차라도 마셔가며 쓸데없는 이야기하며 좀 더 노닥거리다 늦으면 저녁도 간단히 해결하고 돌아 왔어도 괜찮았을 것을 하는 마음이 집에 들어와서야 든다.

사실 나는 그런 자리에서 같이 목소리 높여가면서 할 이야깃거리가 없다. 그냥 듣기만 하는 입장이다. 사회적인 이슈를 논할 때에도, 각자 가족들을 화제로 올릴 때에도, 해외여행이야기며 누구의 흉이거나 험담이 도마에 올려 난도질이 되어도 나는 듣는 것만으로 족하다.

그들이 화제에 올린 인물의 이름을 혼돈해서 이야기를 하거나 말거나, 지명을 헷갈려 잘못 말하거나, 또는 내용을 잘못 알고 하는 이야기가 된다 해도 그들은 현재 이야기에 열중하고 있는 분위기가 중요하기에 이야기중간을 끊고 나서서 바로 잡으려는 쓸데없는 짓으로 판을 깨는 짓은 절대 못하는 나는 그냥 듣고만 있는 것으로 만족한다.

언제나 대화의 중심에 들지 못하는 나는 그 자리에 있어도 없는 듯 그렇게 있는 것이 좋다.

목소리 높이면서 사실과 틀린 내용을 저렇게 자신감에 넘치는 목소리로 좌중을 압도적으로 매료시키는 화술을 부러워하면서 뒤로 궁둥이를 빼고 물러나 앉아 있고, 다른 사람도 다 아는 그런 사실을 가지고 자기 혼자만이 아는 것처럼 목소리를 높여 이야기할 수 있는 그가 그래도 밉지가 않다.

내가 만나는 친구 중 한 친구는 모임에서나, 단 한 사람을 대상으로 하고 있어도 자신에 대한 자랑이 만날 때마다 같은 류의 이야기로 일관하는 그의 이야기를 끝까지 들어주려면 상당한 인내심이 필요하다. 나와 영 다른 삶의 단면을 지닌 그가 오히려 대견스럽기도 하다.

나는 누구처럼 백화점에 가서 고가의 명품을 사온 게 없으니 명품이야기가 나오면 할 말이 없다. 그렇지 못한 것을 슬퍼하거나 기가 죽거나 하지도 않는다.

돈이 많아 돈 자랑이 되는 강남 아파트를 몇 억을 주고 샀더니 몇 억이 올랐다는 돈 번 이야기들을 할 때면 나와는 딴 나라 이야기 같은 소리가 되어 두 눈만 멀뚱거릴 뿐 할 말이 없다.

누구처럼 돈 잘 벌어와 호강 시켜주는 남편이 없으니 자랑할 것이 없고, 자식이 있어 자랑할 것인가, 거기다 내 자랑은 더더욱 없다.

내가 아는 뉴스에 이야기, TV연속극이야기도 물론 나보다 훨씬 더 많이 알고 잘 알며, 내가 더듬거리는 가수 탤런트들 이름을 그네들은 줄줄이 꿰고 있다.

본인이 없는데서 하는 말은 잘 못하면 험담이 되고 흉이 되기 싶다. 흠 없고 흉 없는 사람이 어디 있을까. 없는데 한 말들이 돌고 돌아서 본인 귀에 들리면 언짢은 소리가 된다. 해서 될 말, 안될 말을 추려내고 떨고 떼고 빼면, 결국은 꽁지 떼고 대가리 떼고 발모가지 손모가지 양 날개 다 떼버린 꼴인데 재담도 없는 내가 끼어들 틈이 없다.

그런 나를 가끔은 보고 싶다고 불러주는 친구가 두셋은 있는 것이 다행인지 모른다.

그해 겨울은 따뜻했다

시동이 안 걸린다. 웬일인가 살펴보니 자동차조수석문이 열려 있어 배터리가 방전이 된 것이다. 그럴 때면 주저하지 않고 보험사로 연락을 한다.

아침에 거실 문을 열고 내다보니 자동차의 뒷바퀴가 폭삭 내려앉아 있다. 어제저녁때쯤 들어올 때는 몰랐는데 웬일인지 모르겠다. 지금까지 운전을 했으면서도 내 스스로 타이어를 갈아본 경험은 없다. 도대체 어느 방향으로 돌려야하는지도 모르겠고, 어느 쪽이든 끼워 넣어 돌려야 풀릴까. 이쪽저쪽으로 바꿔가며 끼워놓고 올라서서 아무리 굴러 봐도 끄덕도 않는다. 차라리 큰길가라면 지나가는 차라도 세워 부탁을 할 수 있으련만 이 후미진 곳에 살고 있으니 그럴 처지도 아니다.

낮에는 아이들과 여자만 있으니 이를 어쩌나. 가까운 배터리가게에 연락을 하면 오기는 오겠지만 시골은 서울의 아파트에서보다 출장비라는 것을 만만찮게 지불해야 한다.(이것은 좀 치사스러운 꼴이지만 솔직히 그 돈이 아깝다.) 돈을 안 들이는 쪽으로 고민 중이다.

그렇게 망연히 밖을 내다보고 있는데, 마침 우편집배원이 우편물을 건네준다. 우편물을 받고는 말을 건네받으며, "이것을 어느 쪽으로 돌려야 풀리지요?" 하며 말을 걸었다. 내가 끼워놓은 것을 보더니 "맞는 것 같은데요." 한다. "아예, 끄떡도 안 해서요."

집배원 자신이 딛고 올라서서 굴려보지만 어림없다.

"안되네요." 하며 나를 쳐다보고 짓는 미소가 미안해하는 표정이다. 젊은이로써 나이든 여자를 돕지 못한 것이라 그런 미소였을까 싶다.

하긴 체중이 나보다 더될 것 같지 않으니 그렇지 뭘, 우편물집배원이 돌아가고 어쩔까 망설이고 있는데 마침 아랫집 남자 분이 나와서 잔디밭에 무엇인가를 줍고 있다. 지금 풀을 뽑을 리 없을 텐데. 웬 일로 아직 출근도 안 했을까. 이사 온지 얼마 안 되어 아직 친숙하지 못한 사이지만 말을 걸었다.

"안녕하세요, 아직 출근 안 하셨네요. 타이어가 펑크가 났는데 내 힘으로는 영 안 되는데요."

솔직한 도움요청에 흔쾌히 도와준다.

역시 힘이다. 한 발로 '콱' 한 번 내리찍으니 끽하고 풀린다.

나는 정중하게 고맙다는 인사를 했다. 정말 마음에서 우러나온 감사함이다.

이런 일을 겪을 때마다 처음 차를 가졌던 초보운전일 때를 생각하게 된다. 그때는 배터리가게도 인심이 지금 같지는 않았다. 운전 면허증 받아들고 사흘 만에 차를 몰고 거리로 나갔다.

그때는 지금처럼 차들이 많지도 않았다. 여자 운전자를 보면 쳐다보던 시절이다. 나도 여자이면서 여자가 운전대에 앉아 있으면 옆 눈질해 보던 그때는 그래도 인정이 있었다.

연수를 안 받은 초보운전자일 때 겪는 어려움 중에 첫 번째가 차를 주차할 때다. 주행할 때보다 더 사고를 냈으니까. 연수비를 톡톡히 지불한 셈이 되었다.

운전을 처음 시작한 그해 겨울이었다. 전날 많은 눈이 왔고, 눈은 다져지고 녹았다. 얼은 미끄러운 빙판 길을 겁도 없이 새벽에 나왔는데, 그것도 다이어 펑크가 난 줄도 모르고 끌고 나온 새벽이다.

가만히 있으면 엔진 소리는 괜찮은데 주행을 하면 소리가 이상하고 감을 잡을 수 없어 차에서 나와 살펴보니 뒤 타이아가 걸레가 되었다. 마침 가까운 곳에 배터리가게가 있어 문을 두들겨댔다. 안에 사람이 있을지 없을지 모르면서, 한 서너 번 두들기고 안의 기척을 살피고를 두 번 했을 때 안에서 사람의 기적이 있다. 반갑기가 하느님, 부처님만큼이나 하다.

"아, 예, 저, 미안한데요. 타이아가 펑크가 나서 못 가서 그렇거든요."

좀 기다려서 종업원이 눈을 비비며 나왔다. 스페어타이어로 바꿔주고는 그 새벽에 깨웠는데도 돈을 안 받겠단다. 그리고 다음에 와달란다.

그날 일과를 끝내고 집으로 행해 오는 길에 도로가 패인 곳을 피하지 못하고 모서리에 타이어가 찍혀 또 터져 버렸다. 하루에 두 번의 타이아가 펑크가 난 날이다. 몇 번 들른 적이 있는 아파트 앞의 배터리가게로 전화를 하고 기다리니 자기 가게에 있는 타이어 하나를 실고 열심히 달려와 주었던 인심이었다.

그때는 출장비라는 것이 없었다. 펑크 난 타이어 두 개의 일감? 또는 단골을 잃지 않으려고 가까운 거리도 아닌 곳을 향해 열심히 달려온 마음이 지금도 잊히지 않는다.

경험부족 운전자인 나는 앞으로 가는 것만 신경을 쓰느라고 차내의 계기판을 살피지 못해 연료가 바닥이 나서 길에서 멈춰 서버리는 황당한 일, 그런 일들까지 무료로 도움을 받을 수 있었던, 그때는 사람의 향기를 느낄 수 있었던 시절이었다.

요즘은 1년 전이 옛날이라 하는 데, 한 40년 전이었으니 한참 옛날 일이다. 요즘은 모든 불편사항을 보험사에서 A/S

까지 하고 있는 지금이다. 그렇게 열악한 환경에서 숙식을 하면서 일하던 청년종업원, 후에 보답을 못한 마음이 그 순간이 겹쳐 떠오른다.

나만의 성(城)

나 어렸을 적엔 어른에 공손해야 한다, 부모와 선생님의 그림자는 밟지 않는다 하며 가정에서나 학교서는 도덕 교육을 우선으로 했다. 지금은 전설적 이야기가 됐지만, 지금 젊은 애들은 들어나 봤을까 싶다.

참으로 못 볼 일들을 많이도 보면서 산다. 아직 내 이웃에서 일어난 것으론 보지 못한 일들이다. 신문에서나 TV에 보도 된 것을 보면서 세상에 저럴 수 있나 인간이길 포기한 게다. 그 실례를 어떻게 다 옮길 수 있으랴.

우리라는 참 좋은 말이 있다. 그 좋은 말이 사용하는데 의미를 잃어가고 있다. 그런 시대에 살면서 나만의 성에 누구의 서성임도 용납될 수 없는 시대에 나와 너만 있다.

우리나라 사람만큼 '우리'라는 좋은 언어 표현을 쓰는 민족이 또 있을까 한다.

'우리'라 함은 나 혼자 만의 것이 아닌, 여럿이 공유할 수 있는 것, 그러길 허용하고 있다.

형제가 많으니 가족 간의 관계에 있어 나만의 형이고 동생일 수 없으니, 나도 너도 동생이 되고 형이 되며, 많은 형제들이 한 어버이로 하여 세상에 나왔으니 나만의 어버이가 아닌 우리의 어버이인 것은 대 가족을 이루고 살던 시대에 알맞은 지칭이었는가 싶다.

지금의 핵가족 시대에서는 '우리'라기보다는 내 집, 내 아버지, 내 어머니, 내가 앞선다. 대개가 독자로 나고 키워지면서 삼촌과 고모, 외삼촌이나 이모도 없으니 4촌도 없거나 드물 것인즉 '우리 것'보다는 '내 것'만 있는 것이다. 그러다보니 인간성이 메말라진 것을 본다. 그런 것이 당연시되고 더 자연스러워 보이기도 하는 시대다.

결혼식장에서 신랑신부가 함께 입장하는 예도 있으니 신부가 아버지의 손에서 건네받고 하는 절차도 생략된 둘만의 둥지를 틀면서 부모 형제로부터 떨어져 나와 핵가족이 된 그들만의 성역이 축성되어 가고 시일이 흐를수록 벽이 두꺼워진 그 성역(城役)에 거리감을 느끼게 한다.

그 거리감을 두는 것은 부모나 형제가 다 같다.

부모나 선생님이나 나이 많은 이웃어른이면 스스로 존경심을 받도록 해야 하는 것이다. 부모나 선생님이나 품격이 있어야 하고 언어 행동이 어른다워야 존경을 받게 되는 것이다.

지금 세대들에 존경의 대상 첫손가락을 꼽는다면 누구일까. 부모? 스승? 재력가? 부모자식간이나 형제간에는 좋은 일 궂은 일을 가리지 않고 힘이 되고 의지하며 지내는 것이 당연한 생활이지만 변화된 생활에서는 간섭이고 불편이다.

예전에는 부모자식간이나 제 형제간에는 고맙다느니 미안하다느니 하는 말인사는 안 하는 것이라고 어른들로부터 듣고 그렇게 배워 알고 있다.

하지만 요즘은 그런 말을 해야 한다. 서로가 고맙다, 미안하다, 사랑한다고 그때그때 확인을 해야 하는 나는 힘든 세대에 살고 있다.

아직은 구세대의 인습을 완전히 벗어나지 못했다. 벗어버리기는커녕 나이가 들어갈수록 오히려 잊고 등한시했던 생활방식을 찾고 좇아 산다.

무턱대고 찾아가 식사 때를 맞닥뜨리는 것을 불편하게 여기게 되었고, 사전 양해 없이 하룻밤을 묵어간다는 것이 얼마나 불편한 짓인가.

그리하여 우리가 모르는 사이에 남보다 먼 혈육지간이 되고, 부모의 애정에서 나오는 충언이나 형제의 우애마저도 남의 간섭쯤으로 여긴다.

내 남편 내 아내는 서로가 나만이어야 하기에 매일 사랑을 확인해야하는 불안하고 아슬아슬한 탑을 쌓고 있는 요즘 세대다. 나만의 자식은 나 아닌 누가 나무라고 체벌을 하는 사람이 비록 선생님이라 할지라도 용납할 수 없다. 아무리 학교 교육을 담당한 교사일지라도 너 따위가 내 아들을, 교사에게 갑질하는 학부모여서는 안 된다. 부모가 야단치고 훈계할 일과 학교서 선생님이 교육적으로 훈계할 부분이 다르다. 우리 시대에서는 선생님 말씀 잘 따르라 일렀다. 요즘처럼 윗사람 교사의 꾸중을 욕이라 치부하지는 않았다.

그렇게 견고해 보이는 그들의 성역은 대가족 가정처럼 가족들의 보호막도 방호벽도 갖지를 못하여 참 위험하기 이를 데 없다. 외부에 의해서 파탄이 아니라 내부에 이는 그들만의 갈등은 그들이 축성한 성역을 스스로 깨트리고 허물어트리고 뛰쳐나오기가 너무나 쉽다.

그들이 지식이 얻기 위한 목적은 무엇인가. 간판이 중요하며 오직 진학을 위한 것이 되고 그리고 사회에 진출을 이끄는 고리가 되기 때문이라고만 알고 있다. 아침 일찍부터 밤늦어서까지 목적을 향한 투쟁일 뿐이다. 인격이 결여된 지식인으로 성장은 걱정스럽다. 인격과 지식은 다르다.

그건 나도 몰라

아침에 일어나 현관문을 열고 나가면 문소리를 듣고 고양이가 달려온다. 길고양이들이다. 먹이를 먹으러 오는 놈이 5마리다. 총 일곱 마리를 잡아다 중성수술을 해줬다. 수술해주기 전 여러 마리가 번갈아가며 새끼를 낳아 젖히니 고양이가 득실거린다.

우리에 매여 있는 두 마리 강아지도 앞발을 들고 지들 가깝게 와달라고 애원한다. 배설물도 치워야하고 먹이도 물과 함께 갈아주면서 추우나 더우나 일찍 나오면 애들이 반겨주는 것으로 하루가 시작된다.

성격이란 것이 사람마다 제각각이란 것을 누가 모를까 마는 하는 짓마다 일을 만들어할 뿐만 아니라 고생을 자초한다. 쉽고 편안하게 사는 것이 오히려 불편하다면 누가 쉬 수긍을 못할 것이다.

요즘처럼 생활에 있어 편리함을 많이 누릴 수 있는데 그렇게 일을 만들어한다. 그것이 나이 들어가는 것임을 스스로 느끼고 깨닫게 된다.

이제는 옛날의 내 손맛이 아닌 것 같고 일하는 능률도 예전의 내가 아니지만 그래도 뭐든 내 손으로 하려고 한다.

음식이나 바느질도 손을 놓지 않고 계속하므로 하여 능력이 유지가 되는 것이라지만 한계가 있다.

어쩌다 생각이 나서 만든 음식이 본래의 맛이 아닐 수밖에 없고, 어쩌다 잡아보는 옷감이 손에 착 감겨들지를 않으니 옛말에 석새베에 열세 바느질이 될 수 없다.

운명이란 것, 팔자라는 것을 자신이 만든다는 말도 있다. 그러고 보면 그 말이 맞는 것이 틀림이 없다. 누구처럼 옷이나 화장품 따위를 명품을 즐길 수는 없는 형편이고, 지금껏 미장원 출입은 손가락으로 헤아릴 정도로 내 몸치장에, 투자는 없었다.

다들 그렇게 하는 것처럼 경제적으로 별무리 없이도 자신에 투자하고 자신을 포장하여 그런 것으로 생활을 했으면 또한 그렇게 살았을 것이다.

하지만 내 스스로 하는 일이 힘들다든지 귀찮다는 생각을 하지 않았다. 해냈다는 성취감이 마음 뿌듯하게 하여 그것으로 하여 사람이 사는 도리를 알게 했으며 삶의 보람을 느끼게 했다.

살아오면서 스스로 자신의 능력을 안다. 계산속이 어둡다. 이익을 추구할 줄 모르는, 좋게 보면 순진하다 할 수 있지만, 좀 바보스럽고 등신 같아 부족함을 느꼈어도 매사에 욕심내지 않았다.

그저 스스로의 노력으로 얻어지는 대가가 무엇인가 손에 쥐어지는 것은 적거나 없어도 즐거움을 느끼게 하므로 만족한다.

내 손길이 가야만 하는 잔디밭에 잡풀을 뽑으면 아무생각이 없다. 오직 하나 잡풀을 뽑아내는데 열중하면서 오늘은 여기까지만 하고 또 내일 저쯤에서 뽑자. 해마다 잔디에 풀이 나는 것도 그 종류가 달리한다. 일찍 뽑아내지 않아 잡풀이 집단으로 세를 이루면 그곳에서 나를 불러낸다. 눈길이 걷어내고 관심을 걷어내면 잔디가 망쳐진다.

어느 곳마다 눈길을 주고 관심을 갖지 않을 수 없다. 이런 것을 귀찮다 할 수 없는 내가 살아있는 동안은 계속 이어질 것이다.

백제의 미소 가을 길 걸으며

바람까지 이는 오늘 가을비에 한기를 느낀다. 나는 비가 오는 날이면 마음이 우울해진다.

그 마음 달래려고 우산을 쓰고 걷는다. 가을비를 맞으며 걷다보니 우울했던 마음은 간곳이 없고 누군가를 만날 기대에 마음이 설렌다. 때로는 세찬바람 때문에 우산을 든 손에 힘을 주고 머리에 쓴 모자가 진탕에 팽개쳐졌지만.

곱게 물든 잎들이 촉촉이 젖어있음이라 색의 명도를 더해 그지없이 고운 단풍인데 이 아름다운 가을풍경에 비를 맞은 단풍도 곱기만 하여 나도 모르게 감탄하게 된다.

가을은 맑아야 단풍이 곱다고 알고 있지만 오늘 같이 촉촉이 비가 내리고 옅은 안개비에 젖은 단풍은 또 다른 풍경을 보여준다.

누가 뭐라 하지 않았어도 때로는 우울한 일상의 생활에서 잠시 벗어난 오늘이다.

자연 속에 묻히면 동행이 있어도 마음은 혼자가 된다. 깊이 사색할 수 있는 오늘은 혼자이기에 아쉬움도 부럽지도 않다.

비는 사람의 마음을 우울하게 한다고 말을 하지만 이 가을에 내리는 비바람에 오색으로 채색된 나뭇잎들이 흔들리며 가을비협주곡은 잔잔하게 이 산 저 산 너머로 퍼져나간다.

내 시야에 펼쳐진 이 자연과 수많은 이야기를 속삭이며 걷다 보니 걸음걸이가 더디다. 계단을 오르기가 숨이 찬다. 그리고 기대하는 마음에 가슴이 두근거린다. 그곳을 향한 계단에 발에 힘을 주며 내디딘다.

그곳에는 어제도 오늘도, 그 먼 그날부터 한결같은 아름다운 미소로 반겨주는 '백제의 미소'가 있다.

층암절벽에 새겨져 있는 백제의 미소 '서산마애삼존불'을 만나러 이리 먼 거리를 왔다.

그 신비의 미소를 만나려고 오르고 또 오른다.

낯설지 않는 친숙함인 엄마가 어린자식에게나 보내는 미소다. 천년 세월을 돌아왔지만 이렇게 만나게 될 인연이었기에 그럴 것이라 여겨집니다.

신비스럽기 그지없는 웃음 띤 모습의 불상을 조각한 석공은 많은 기도로써 자신의 영혼을 절벽에 불어 넣었을 것이다.

그는 그냥 정과 망치로 쪼아서 저런 표정을 그려낼 수 있는 것은 보통 석공이 할 수는 없을 듯한 영혼과의 교합의 결과인가.

'마애삼존불'은 정과 망치로 쪼아서 층암절벽 깊숙한 곳에서 세상 밖으로 꺼내 놓은 석공은 단순한 석공이 아닌 그 자신이 바로 여래가 아니었을까 싶다.

천진스런 아기가 반기듯 한 저 해맑음, 세속에 오염되지 않은 아무것도 계산됨이 없는 어린 아기는 눈만 맞혀줘도 활짝 반기는 그런 티 없이 웃는 모습이다. 빛에 따라 달라진다. 그늘지고 어두우면 근엄한 미소이지만 밝은 빛을 받으면 그렇게 해맑고 인자하게 미소를 보인다.

이 아름다운 '미소'를 마주할 때 누구나 잠시잠깐이라도 저 미소를 어찌 닮고 싶지 않을 수 있을까.

가을풍경을 그리다

다툼과 경쟁으로 세상이 혼란스러운 것과 무관하게 변함없는 순환의 법칙에 순응하는 것은 자연뿐이다.

멀리 높은 산이거나 가까이 뜰에 서 있는 나뭇잎까지도 끝에서부터 변화하는 모습을 바라보고 있으면 색색의 물감을 곱게 흩뿌려놓은, 이 거대한 수채화 화폭을 보고 있다.

풍경은 그리움이다. 그리움을 화폭에 그리고 싶다.

여름 내내 힘차게 한 투쟁이 위를 행하듯 솟구친 푸르던 그 무성함에 겁먹게 했던 산은 가을 옷으로 바꾸어 가고 있다. 산 너머 산, 그 너머 또 산에까지도 누가 물감을 흩뿌렸던가! 자연이란 것은 기고만장했던 기를 꺾으며 단풍에 살그머니 젖어들기 시작한다.

그렇게 온 강산은 어제가 다르게 하루하루를 물들이듯 노랗고 붉게, 엷고 짙게 조화롭고 화려한 가을 풍경을 이루어 놓는다.

바람이 없는 한낮의 맑은 하늘은 햇빛이 따사롭다. 감격함도 잠시다 색색으로 물든 단풍잎은 바람에 흔들이면서 사뿐사뿐 사르르 내려앉는다, 한 마리 새처럼. 또는 여러 마리, 수 없이 많은 새떼가 되어 내려앉는 낙엽에 이 가을이 나를 동참케 한다.

긴 여름의 한낮은 햇살이 너무 열정적이어서 견디기가 힘겨울 때, 줄기차게 쏟아지던 소나기까지도 이 가을을 위해서였던가 싶다.

단풍이 참 곱다고, "저기 좀 봐, 여기 좀 봐."라고 감탄하며 서로가 공감을 확인한다. 아름답다는 말조차 잊게 하는 가을 단풍 아래서면 내 또한 풍경이고 싶다.

어느 날 바라본 산야의 풍경은 가을이구나 하고 고개를 한 번 돌렸다 다시 쳐들어 바라보면 가을은 성큼 저만큼 물러나 있다.

오늘은 하늘이 더 없이 맑다. 하늘에 떠있는 한 점 뭉게구름으로 하여 더욱 깨끗하여 더 깊고 푸른 전형적인 가을 날씨를 보여준다. 맑은 햇살에 단풍은 한층 더욱 투명하게 비춰져 가을의 극치를 향한 열정인 아름다움을 본다.

사람들은 그렇고 그런 일들로 사느라고 바빠 한 해가 저물어 가는 가을은 허허로운 마음이 되는 계절이다. "가을이 왔

네!" 했던 것이 어느새 가을이 멀어지고 있다.

들판에서는 황금물결로 파도를 치던 벼들은 다 베어져 거둬들였고 잘려나간 벼의 밑동만 남아 있으며, 들판에 배추와 무도 뽑혀져 김장독에 담겨들어 묻혀버려 가을이 물러나고 다가올 겨울 준비를 서두르고 있음이다.

봄에 씨앗 뿌려 가을에 거두는 수확은 한여름 동안 땀 흘린 보답을 게으르고 부지런함에 대한 정직함을 결산하는 계절이다. 가난한 마음까지 가득 채워주는 풍요로운 가을은 고맙고 감사하는 계절이라 들뜬 기분으로 동분서주했는데, 어느새 모퉁이를 막 돌아 저기 만큼에 갔다

가을은 여름과 겨울 사이에 있어 머무는 시간이 짧아 아쉬움이 더해서인가. 가을인가 했는데 어느새 가을 자락이 이별을 고한다.

가는 세월이 아무리 안타깝다 해도 계절자락 부여잡고 억지부리고 떼를 쓸 수 없으니, '그래 가을아 잘 가렴.' 나는 이 가을을 서운함을 실어 보내고 나니 휑뎅그렁한 벌판은 시리도록 맑은 햇살이 가득히 내리고 있다.

욕심이 아닌 아쉬움의 계절은 질척거리지 않고 소란스럽지도 않으면서 바람결인 듯, 구름에 흘러가는 듯 그렇게 스쳐간다.

아름답게 보이는 것은 세상에 존재한 모든 것이 혼신을 다하는 마지막 순간일 것이다. 그 곱던 나뭇잎을 미풍에도 우수수

털어낸 나목(裸木)은 다음을 위한 고독에 무거운 침묵에 든다.

자연이 그러하고, 영혼이 깃든 생명이 그러하다. 아름답고 화사함도 잠깐일 뿐이다. 된서리를 맞고는 볼품없는 퇴기(退妓)처럼 윤기를 잃은 색깔로 초라하니 외면당하고, 추한 잎들을 털어낸 앙상한 나뭇가지엔 가을 그리움을 품고 싶은 내 마음까지 털어 내버린 무정한 시선, 그리고 내 눈에는 연민의 눈물을 담고서 발아래 시선이 머물 때 석양이 등을 다독여준다.

세월이 도둑?

잃어버린 것, 소유한 것들로부터 애착심에서 헤어나면 머지 않아 가게 될 저승길에 발걸음 가벼울 테니 다행이다.

세상에는 얼마나 많은 도둑들이 있던가, 도둑놈, 좀도둑, 강도, 사기범은 날강도 공금횡령사범 그 정도로는 모자란다. 회사개발기밀이나 국가정보를 빼내 경쟁회사나 적대국에 팔아먹은 산업스파이 도둑까지다.

도둑이란 몰래 훔쳐가는 것을 말한다. 남몰래 가져가려다가 들키면 그냥 달아나는 것은 옛날 도둑이다. 핸드백을 열고, 옷 주머니에서 몰래 꺼내는 것을 소매치기라 했다.

요즘 도둑들은 흉기를 소지하고 강탈하고 들키면 저항하며 흉기를 휘둘러 사람을 다치게 하거나 심하면 생명을 잃게도 하는 강도이다.

인명을 해치면서 길거리에서 강탈하고, 사람이 있는 집에도 흉기 들고 침입하는, 눈감으면 코 베가는 시대가 아닌 눈뜨고 코 베갈 것 같은 요즘인데. 집에 도둑이 들었다고, 도둑맞았다는 사실을 경찰에 신고를 하지 못했다. 잘 간수해 두고 여행을 떠났어야 했는데 그러지 못한 책임이니까.

가진 것도 없는 집에 도둑이 자주 든다. 잠자는 방문이 열린 적도 있다. 번번이 당하는 소매치기까지. 사람이 어리바리해서일까. 예전에 대중교통을 이용할 때는 소매치기를 당한 일이 한두 번이 아니다. 동대문시장, 남대문시장, 서울역. 사람이 많은 곳에서는 빈번이 겪었던 소매치기다. 버스 내에서 오버코트 속주머니가 면도칼에 찢기고, 사람들이 밀치고 흔들릴 때 사람들 사이로 핸드백이 끌려가 당겨 놓으면 다시 끌려간 핸드백을 당겨와 보면 핸드백이 열려서 입을 떡 벌린 핸드백에 현금 뭉치가 드러나 있다.

그런 일도 옛날이다. 지금처럼 카드결재에 자가운전으로 이동하는 요즘은 먼 옛날이야기다. 하지만 요즘은 새로운 방법으로 사기를 당한다. 모르는 전화를 받지 말란다. 핸드폰 문자도 잘못 누르면 거액이 인출돼 빠진다니 나는 아직 그러한 일은 당하지 않았지만 핸드폰으로 결재를 하는 이들의 여러 사례가 많다.

대중교통을 이용했던 그 시절이었다. 빈 안경집에 현금을 넣어 핸드백 맨 아래에 놓고 그 위에 다른 여러 가지가 많은 것을 놓았는데도 용케도 맨 아래 돈이 든 안경집을 꺼내갔던 일, 시장에서 물건을 고르는 사이에 가방이 면도칼에 찢기고 돈지갑을 소매치기를 당했던 일, 한밤중에 두 번이나 도둑이 침입한 적이 있다. 그때는 들키면 도망을 갔다.

이런 좀도둑들, 버러지 같은 좀도둑으로 해서 개인의 작은 손실을 극히 소소한 일일 뿐이다.

한 2개월간 미국엘 다녀왔다. 그렇게 오랫동안 집을 비운 사이에 화재가 났었더라면 얼마나 큰 손해를 입어야했고 여행 중에 교통사고 같은 일 없이 무사히 돌아왔으니 무엇에 비할 수 없는 행운인 것인가.

세월이 가면서 차츰차츰 잃어 가는 것이 있다. 가장 잃기 쉬운 것이 건강으로 오감(五感)과 수족을 자신의 의지대로 할 수 없다거나 정신적 능력을 잃는다는 것은 어떤 재산에 비교할 것인가. 정신적 능력을 잃지 않고 내 사지를 자유롭게 하기 위해 도둑맞지 않게 조심하고 지켜야 할 것이 건강이다.

도둑이 그 어떤 것들 다 훔쳐가고 강탈해가더라도 절대 빼앗겨서는 안 되는 것이 건강이다. 아무리 빼앗기지 않으려 애를 써도 세월은 살금살금 앗아가 버려 스스로 쇠하게 되니 세월이 도둑인일진대 눈 부릅뜨고 두 주먹 휘둘러대면 지켜질까.

자신의 건강도 관리를 어떻게 하느냐에 따라 지켜진다. 내 건강은 내 것인데 누가 빼앗아 가냐고 지나친 자만심만으로는 지키지 못한다. 어느 곳 어느 부위에 어떤 알지 못 했던 침입군이 살금살금 들어와 나의 건강 도둑질하지 않는지 살펴야하고 훔쳐가지 못하도록 정신 차려 관리에 게을리 하지 않아야 지킨다. 나는 건강 너를 잃지 않을 것이다. 건강 너는 나를 지켜다오. 나와 너는 떼어 놓을 수 없다고 아무리 애를 써도 생명 모두를 놓아버리는 그때 영혼이 잠들어라.

밀려나길 거부하는 몸부림

무겁고 칙칙한 옷들을 벗어 던지고 가볍고 산뜻한 옷차림으로 봄을 반길 마음인데. 황사로 햇빛이 차단되고, 밤의 기온을 끌어내리는 요즘이다.

내가 살고 있는 이곳은 서울보다 기온이 낮다. 텃밭 가장자리에 내가 좋아하는 유실수 묘목 몇 종을 심었다. 매실(매화), 복숭아, 대추를 심고 매화, 복숭아는 봄꽃을 보기 위해서 심었다.

아직도 아침에는 수도간의 물이 살얼음이 얼어 있다. 지난밤에도 기온을 영하로 끌어내리니 춥다.

그런 중에도 추위에 강한 매화꽃 몽우리는 끄떡없다 매화는 봄눈 속에서도 꽃을 피우기에 지금 추위쯤은 봄을 시새움이라고 스스로 위안을 하며 개화를 준비하는 매화꽃을 보려면 좀 더 있어야 할 것 같다.

장미꽃을 살펴보니 그 또한 새순이 나오려고 부풀고 있는 중인데 동해를 입었다. 새싹이 피지는 않았어도 가지에 물이 올라 있는 중에 기온이 영하로 내려가면 얼게 되고 나무 전체 동해를 입어 죽어버렸던 것을 여러 번 경험했기에 이번에도 그럴 것인가 하는 걱정이다. 가지에 물이 오르고 새순을 내밀려는 순간 냉해를 입으면 죽었는지를 금방은 모른다.

입이 나오지 않고 꽃가지가 서서히 말라 가는 것을 보면서 일찍 꽃을 볼 기대는 포기한다.

하지만 밑동뿌리까지는 얼지 않으니 새순이 나올 것이란 기대를 하면 새싹이 터지며 꽃봉오리를 품고 자라나올 것이고 봉오리를 밀어 올리며 키워져 아름다운 장미꽃은 향기를 풍기며 인사를 하게 될 것이라 때를 기다려 보련다.

지지난해도 여러 꽃나무들이 막 싹을 트려고 준비 중인데 심술스럽게 늦추위가 훼방을 놔서 꽃나무를 그렇게 죽였다. 그렇게 동해를 입은 블루베리나무는 그해 열매는 못 본다. 뒤늦게 밑동에서 다시 새싹이 나왔지만 그 해엔 꽃을 피우지 못했으니 열매도 얻지 못했다.

금년은 아직 싹을 틔우기 전이라 동해를 입을 것 같지는 않다. 하지만 아직은 죽었는지 어쩐지는 나무에 싹이 움터 나오는 것을 보고서야 아~ 겨울을 잘 넘긴 것에 안도하며 기쁨을 느낄 것이다.

반가움, 극히 작은 것에서 얻어지는 기쁜 마음은 저 맑은 파란 하늘에 떠 가는 한 점 구름만큼이나 가볍게 핑크빛으로 가득함을 느낀다.

간혹 겨울에 이상 난동으로 양지쪽은 봄날씨처럼 따뜻하면 기온에 예민한 개나리는 봄인 줄 속아 노란 꽃을 피우기도 한다. 기온에 속아서 계절을 착각하며 성급하게 새순을 틔운 꽃나무들은 예고 없이 엄습한 늦추위에 새싹은 얼게 되면 그해엔 꽃도 잃고 열매도 잃어버린다.

지금은 분명히 봄인데 춥다. 계절은 그리도 밀려나기가 억울하고 싫어 그렇게 몸부림인가 싶다.

봄을 시샘하듯 심술스런 계절은 어지간히도 억지를 부리는 듯하다.

이젠 봄이 확실히 왔다는 느낌은 아침 일찍 일어나면 뜰로 한 발짝 내려서기 전에 현관 앞에 항상 매여 있는 두 마리의 강아지가 반긴다. 앞발을 들고 눈을 맞추며 꼬리가 빠지도록 흔들어댄다. 어찌 얘들을 외면할 수 있을까 "그래 질들 잤어?" 하며 한 번씩 안어주고 쓰다듬어 주고, 물그릇 밥그릇을 살핀 후에 뜰로 내려선다.

아직 할 일은 없다. 화단의 꽃도 텃밭도 두 그루의 복숭아나무, 대추나무, 블루베리나무 네 그루가 있다. 그것들은 아직 계절적으로 손길이 필요하진 않기에 계절이다. 어쩌면 내가 몰라서이지 과실나무는 이때쯤 전지를 해줘야 하는 것인 줄 짐작하지만 나는 그런 실력을 갖추진 못했다.

그렇게 어영부영 며칠쯤 지나 갑작스럽게 손길이 필요해지면서 그때부터 바빠지는 계절로 접어든다.

그런 저런 것들을 보면, 너무 앞서지도 말아야 하고, 너무 뒤 처지지도 말며 묵묵히 자기의 위치를 지켜서 가라고 자연은 순리에 의해서야 한다고 그렇게 이른다.

과학을 파는 장사꾼

인류가 존재하는 한 과학은 계속 발전할 것이다. 그것이 생활에 득이 되고 인간의 편리를 위해 발전에 발전을 거듭 할 것이다. IT산업이 세계를 휘저어 주도권을 갖게 되면 그 나라의 경제를 성장시켜 세계상위로 끌어올려 놓는다.

더하여 인공지능 로봇이 우리 생활에까지 깊숙이 침범해가고 있다. 가정에서 청소를 하고, 대화상대가 되고, 요즘 식당엘 가면 로봇이 각 테이블을 찾아다니면서 서빙을 한다. 로봇이 음식도 만든다 하니 이젠 낯선 일이 아니다. 자율주행차동차가 나온 지도 오래전이다. 전쟁에 무인기가 폭격도 한다. 인공지능 로봇이 사람의 손보다 더 정밀하게 움직여 병원에서 정밀한 어려운 수술은 인공지능 로봇을 이용하는 현실이다.

자연의 최고의 걸작, 이처럼 견고하고 정교한 기능을 가진 인체에 견줄 기계를 고안해 낸 과학기술은 어디까지 발전할 것인가. 인공지능을 가진, 갖가지 기능을 가진 로봇이 우리 생활이 깊숙이 접근하고 있는 현실이다.

로봇은 여러 가지 기능을 달리한다. 청소를 해주는 기능이 있고, 대화상대가 돼주는 기능까지인가 했다니 더 나가고 있다.

인체의 비밀을 밝히는 '게놈(일본식 발음)'해독 발표로 세계가 흥분했던 것도 오래전이다. 인간 생명의 실체 밝히는 '지놈(美 현지 발음)', 그 판독을 위해 최첨단 장비가 동원되고, 최고급 인력과 자금의 투자를 아끼지 않고 쏟아 부었다 함도 옛날이다.

이제는 인체의 해부학적 판독을 하고, 부분 인공관절 만들어 접합시키는 기술까지 인공지능로봇이 담당하게 이르렀다

근육, 뼈와 관절, 신경세포와 정맥, 동맥, 모세혈관에 이른 모든 것을 과학에 근거하여 숫자로 밝혀놓았던 종전의 것에서 새롭게 밝혀낸 인간의 30억 쌍의 유전 정보가 담겨있는 46개의 염색체의 지도를 거의 완성에 가깝게 판독하는데 성공했다고 위성을 통해 세계에 발표됐다.

인간의 의지로 할 수 없는 것에까지 과학은 파고들었다. 하지만 환영과 우려의 소리가 엇갈리는 속에서 인체는 비밀과 보물이 함께 담겨져 있다. 게놈 연구에 국가가 지원하고 기업 간의 연합으로 선점(先占)하려고 경쟁 속에서다.

생명공학, 끝없는 도전은 인간 생명의 깊은 터널 속에 묻혀 비밀을 캐려고 신에게 도전하고 있다.

'유전자 - Gene, 염색체 - Chro - Mosomoe'의 합성어 '지놈'의 해독완성으로 불치병과 난치병의 완치에 밝은 빛을 얻게 되었다고 한다. 어떤 질병에도 생명을 빼앗기지 않게 되어 오래 살게 되며, 늙지도 않게 되어 인간 수명은 천년으로 늘게 된다. 이는 인류에 새로운 기원이 될 것이다.

인체, 이 거대한 광산에 몰려든 두뇌들의 노역(勞役)을 업고 수백 개의 벤처기업들은 서로를 견제하며 황금보고(黃金寶庫)를 향해서 몰려든다.

'지놈' 그것은 일반인에게는 어려운 분야이고, 몰라도 생활에 지장이 없는 분야건만 여러 경로를 통해서 알게 해준 언론보도의 알려야할 의무에 충실한 덕분이다. 지놈이 생명체에 어떻게 활용되고 이용될 것인지를 알게 해주어 호기심을 품어본다.

복제동물이 근육세포와 신경세포, 각 장기(臟器) 세포의 유전자를 축출하여 유전자조작과 함께 복제하여 배양하고, 배양된 세포를 배아(胚芽) 상태에서 성장시키고, 성장된 세포를 본래 세포를 축출한 환자에게 다시 이식하는 것이라 한다. 자기의 세포이기 때문에 부작용 없이 병을 치유시킨다는 기초적인 단계를 뛰어넘어 어떤 난치병에도 치료 가능한 줄기세포를 우리나라의 한 과학자에 의해 배양능력을 보임으로써 전 세계에 독보적 행보를 내딛던 찰나에 뜻밖의 토네이도에 휩싸여버렸다.

난치병에 절대적이라면 이미 노다지광맥을 확보한 것이다. 그런 노다지 광맥을 날강도들이 작당하여 덤벼서 광맥을 처음 발견한 자를 따돌리고 이익을 차지하는 것에 그치지 않고 사경에 몰아넣고 죽이지는 않더라도 다시는 어떤 영향력도 미치지 못하게 했다. 이런 힘은 권력을 등에 업지 않고는 어려울 것이다. 정치적 공작에 의한 것이란 의심을 떨쳐버릴 수가 없다.

조직배양에 의한 유전자 조작으로 농산물 - 채소과일, 곡물에서 우량하고 다수확을 위해서, 축산물에도 상당한 부분이 적용되어 상업화되어 온지 이미 오래전이다.

유전자 조작은 이젠 낯선 단어가 아니다. 인간 배아(人間胚芽) 그것이 윤리적 논란에서 벗어날 수 있을지, 도덕적 문제는 어떻게 할 것인지, 지켜 보아야할 문제다.

우리가 사는 곳곳에서 심각한 현실들을 보면 오래지 않아서, 지금의 두렵기 그지없는 인간 배아 - 그것이 요구될 가능성을 본다. '다이옥신' 환경호르몬으로 성(性)의 균형이 깨지고 있어, '도둑맞은 미래'라는 극단의 표현을 쓴 발표도 있었던 것을 기억한다. 남성이 중성화되어 가는 것, 남성불임증의 증가와 출산을 거부하는 여성세대에 있어서다. 지금도 대리모와 시험관아기가 윤리적 문제를 안고 있으면서도 이젠 그런 단어들이 생소한 것이 아니다. 인간을 대신하는 AI인공지능, 외형까지 인간의 형상으로 사람이 할 활동을 차지할 시대가 올 것인가 일면 두렵기도 하다.

마음대로 안 되는 것이 자식이란 말도 옛말이 되고, 욕심껏 선택할 수 있게 된다. 건강한 체구, 용모 두뇌, 부모와는 무관한 유전자를 가진 아이를 양육하게 될 것이다.

이젠 유전자분석으로 인간 배아, 부화된 병아리처럼 감별에서 제외된 것, 수없이 버려질 생명들, 자연의 법칙을 거역하는 것은 무서운 재앙을 부를까 두려움을 느끼며 살아야 할까.

인간에 의해 만들어진 인공지능AI, 인간의 두뇌를 뛰어 넘지는 못할 것인가, 아니면 인간이 AI로 인해 해를 당할지 누가 장담할까.

가정은 함께하는 믿음

- 불륜으로 가정파탄난 기사를 읽고

이성간의 사랑이란 첫 사랑의 순수하고 고결한 사랑만 있는 것은 아닌 것이다. 또한 사랑은 젊었을 때 단 한 번인 것 또한 아니다.

남녀사랑의 감성은 샘물의 수맥 같아서 어느 계기로 하여 솟구쳐 나오는 것이라 누구도 예측하지 못하는 것이다. 감정이란 물이 청춘, 중년, 노년이라고 다르다면 무엇이 다를 것인가. 중년의 진실한 사랑도 있겠지만, 요즘 세태가 얼마나 타락했어야 말이지. 그러니 싸잡아 부정적인 시선일 수밖에 없다. 중년의 사랑은 유부녀, 유부남일 것이라 무조건 불순하고 부정한 짓이라는 편견을 갖고 볼 수밖에.

하지만 중년의 독신이 사랑을 하면, 젊은 시절의 애틋함보다 그야말로 준비된 사랑, 완숙된 절제된 그런 사랑일 것이다.

여성이 사회활동을 하지 않던 시절의 여성들은 결혼하면 남편 아닌 모르는 남성을 대면조차 금했다 그런 것을 내외법이라 했다. 남자들이야 직장을 다니고 술집출입을 하는 등 불륜 두 집 살림을 한다고 해도 크게 험을 잡지 않았던 시절도 있었다. 세상이란 사회가 많은 변화가 있어 여성도 사회생활을 하고 남편이 아닌 남자들과도 스스럼없이 지내다 보니 생겨서는 안 될 일들이 있게 된다.

예전에는 불륜은 사랑이 아닌 감정적인 욕정에 눈멀어 가정 파괴행위인 것이라며 사람취급도 않고 멀리했다.

불륜인데도 불륜인 것에 죄의식 없고, 그들에게 돌을 던지는 자 없는 지금의 세태다. 지금은 혼탁한 사회풍조가 배우자가 있는 자의 불륜을 보고도 못 본 척하고 알고도 모른 척해야 한다.

그것도 지들 능력이라고, 당사자가 아니면 누가 뭐라 할 것인가 돌아서서 손가락질 하고 숙덕대던 일도 옛적 일이다. 나와는 무슨 관계가 있어 나무라고 충고할 수 있으랴 그렇듯 변했다.

핵가족이 된 이후 자유로움만 우선인 생활방식에서 경제적인 방면을 지향하고 여유가 그런 쪽으로 발전(?)하고 여성의 권리가 주어지면서 외도는 남자만의 특권이던 시대는 아니다.

중년의 사랑은 분별력이 있어야 한다. 감정보다 현실을 중히 여겨야 하는 의무와 책임을 져야한다. 불륜을 어떤 이유에서도 정당화해서는 안 되는 것이다.

하지만 그들은 하나같이 항변한다. 무얼 잘못 했느냐고 한다. 가정에 책임을 다 했단다. 자신들의 불륜을 사랑이라고 미화시킨다.

집에 들어와서 밖에서 있었던 일을 시치미를 뗀다 해도 오랫동안 지속되는 불륜이고 보면 묻어오는 수상쩍은 낌새를 느낌으로 알게 된다. 부부란 애정이 있고 없고 간에 그것을 느낌으로 안다. 그런 것을 알지 못한다면 배우자에 대한 무관심이거나 무시해서다. 아니면 포기한 관계일 것이고. 신뢰를 받고 있으면서 저지른 불륜만큼은 배신행위인 것이다.

마치 가정을 위한 돈 버는 도구가 아니라고 해서 탈출을 꿈꾸는 것이 부부가 따로따로 성의 유희를 즐기는 것으로 보상받으려는 심리인지 모른다. 사랑을 느껴서보다는 욕정에 이성을 잃어 인면수심이 되면 죄의식이 없고, 진정으로 늦게 얻은 별이 반짝이는 사랑이라고 착각하기도 한다.

자신의 기준으로 판단할 수밖에. 가정과 자식을 택할 것인지, 그 알량한 사랑을 택할 건지.

불행하게도 나는 목숨을 걸만한 사랑을 못해 봐서인지 이해하지 못한다. 책임과 의무가 우선적인 것일 수밖에 없는 나의 이성은 그 테두리를 벗어나지 못한다.

누군가가 그랬다. 20대는 사랑으로 살고, 30대는 노력으로 살고, 40대는 인내하며 살고, 50대는 정으로 살고, 60대는 불쌍해서 살고, 70대는 등 긁어줄 사람이 필요해서 살고, 80대는 기댈 수 있어서 산다고.

이 봄에 안성 문학기행

연둣빛 새싹과 함께 어우러진 붉고 하얗고 붉은 철쭉꽃 피어 있는 아름다운 봄날의 문학기행 첫 방문지가 안성맞춤 박물관이다.

같은 경기도 권에 속해 살고 있으면서 처음 들렀다. 버스로 이동하는 중에도 여러 호수들을 볼 수 있다. 강이 가까이 있지 않은 지역이다. 농사철 가뭄이 들 때나 장마철의 폭우가 있을 때 호수나 저수지가 사대강의 댐 역할을 해야 할 듯, 지역은 대체로 평편한 지역이어서 호수 또는 저수지들 많이 있는 듯하다.

호숫가를 산책할 수 있는 둘레길이 잘 조성돼 있어 아름다움이 돋보이는 도시다. 호숫가의 산책길 유혹을 거절할 수 있을까. 걷고 싶은 충동으로 일행 중 몇몇은 우산을 받쳐 들고 둘레길 산책에 나섰다.

어느 곳이든 자기들이 생활하는 지역에서는 가장 중요한 것이 물 관리다. 물 관리를 어떻게 하느냐에 따라 재해도 막을 수 있고, 농사철에는 풍요를 가져올 수 있어서다. 물 관리를 잘 하는 것만큼 중요한 것이 있을까. 우리 생활에서 가장 필요하고 중요한 것이 물과 불이면서 또한 위험한 것이다. 그러한 면에서 보면 안성은 물관리가 잘 되는 곳임을 보여준다. 물은 인간생활에서 중요함과 위험함을 함께 지녔으니 관리를 잘 하는 것만이 잘 사는 방법이란 것을 아는 안성인 듯하다.

안성맞춤박물관은 무형문화재 대장장이 신인영 선생의 대장간이다. 내 어렸을 적의 향수를 느낄 수 있는 곳이다. 시골장터 입구에 자리한 대장간에서는 사계절 불에 달구고 달군 쇳덩이를 이리저리 돌리고 뒤집어가며 두들겨서 연장을 만들던 모습이 떠오른다. 추억에 잠시 머물게 했다.

무더운 삼복지절에도 뜨거운 화덕과 함께 생활했던 그분이셨느냐고는 차마 묻지 못하고 서둘러 다음 행선지를 향했다.

혜산 박두진 선생님은 일제 강점기에 작품 활동을 시작하셨던 분으로 박두진문학관은 후학 문학인이 많은 교훈을 얻을 수 있는 곳이다.

박두진 선생은 문학을 하시면서도 음악을 즐기셨으며, 종합예술인이셨다. 그 시대에 많은 분들은 당연히 서예를 하셨겠지만 초서로서 훌륭한 필체를 남기셨다.

박두진문학관은 문학세계와 자연환경이 어우러져 휴식을 함께하며 박두진 문학사상과 문학정신을 배우는 좋은 계기가 되었다.

다음 방문지는 편운 조병화문학관이다.

조병화문학관은 선생의 창작집과 시선집, 수필집, 화집 등이 전시된 문학현장이다. 선생의 삶과 문학적 교감을 나눌 수 있는 곳이다. 그간의 남기신 많은 작품집들로 잘 정리되어 있는 문학관은 문화체육관광부에 의해 문화마을로 지정된 곳이며 문학을 하는 사람으로서 존경심을 안고 전시실을 둘러보며 감동을 느낀다.

편운재 조병화문학관의 아름다운 정원에는 영산홍꽃이 활짝 피어 방문객을 환영하며 포근히 품어준다.

미리내성지 방문, 천주교, 종교에 대해 아는 바는 없다. 하지만 형제들이 성당에 열심히 나가고 있다. 성당에 다니는 동생들에게 전해 줄 요량으로 사진 몇 컷을 찍었다.

미리내라는 곳은, 그 예날 이 땅에 천주교회가 처음 들어왔을 때 나라에서는 박해가 심해 많은 신자들이 숨어들어 와 살았던 곳이면서, 순교자가 있었다는 것, 그 이상은 아는 게 없다. 엄숙한 마음으로 깊숙이 들어 간 곳이지만 걷는 양 옆으로 붉고 하얀 철쭉꽃, 영산홍까지 곱게 피어 있는 길을 따라 걸었다.

조선후기에 천주교 박해를 피해 모여든 신자들로 미리내 마을이 교우촌이 됐다 한다. 성역화된 이곳 미리내. 103위시성기념성당을 좀 더 올라가면, 김대건 신부님의 안장돼 있다. 1821년 출생, 1845년 서품, 1846년 순교, 서품 받은 지 1년, 25세에 꽃다운 나이에 순교를 했다. 최문식 베드로 신부님도 같은 곳에 안장돼 있다. 김대건 심부님과 나란히 안장된 최문식 베드로 신부님은 김대건 신부님보다 한참 뒤에 출생했다. 1881년, 1910년 서품, 1952년 별세, 일부러는 오지 못했을 미리내성지는 엄숙함이 느껴지는 곳이었다. 문학기행으로 접할 수 있었던 이곳 어떤 인연일까 싶다.